다리 건너 저편

신효헌 회고록

교음사

프롤로그

회고록을 쓰게 된 동기

나는 원래 회고록을 쓸 생각이 없었다. 그동안 다른 사람들의 회고록, 특히 사회 각 분야의 선배나 동료들이 쓴 회고록을 여러 차례 읽어 보았는데 모두 나보다 훌륭한 삶을 산 기록이어서 부족한 나는 회고록을 쓸 엄두가 나지 않았기 때문이다. 그런데 나도 이제 나이 80이 넘어 회고록을 써도 될 나이가 되었다. 지나온 삶을 되돌아보면 어느 것 하나 하나님의 은혜 아닌 것이 없다. 따라서 이 회고록은 첫째로 나의 신앙 간증이고 둘째로는 혜인, 정인, 성원 이렇게 3남매를 키우면서 외교관 생활이 바쁘다 보니 자녀들과 함께 이야기를 나눌 시간이 많지 않았다. 따라서 늦은 감이 있으나 자녀들에게 하고 싶은 이야기이다.

그리고 그동안 주변에서 나를 사랑하고 도와준 많은 분들이 있다. 특히 1969년 결혼 이후 지금까지 나를 도우면서 함께 살아온 아내 이명희에 대하여 고마운 마음을 표하지 아니할 수 없다. 외교관 생활 35년 동안 9개국을 다니면서 국제 이사만도 16번 하였는데 아내는 묵묵히 이삿짐을 싸고 또 풀었다. 그사이 3남매를 낳아 기르면서 외교관의 아내, 아이들의 엄마로서의 역할을 훌륭히 해내었다. 지난날 나를 도와준 주변의 많은 사람들에게 감사하다는 뜻과 나의 살아온 이야기를 들려 드리고 싶은 마음에서 주저하다가 글을 쓰게 되었다.

2023년 1월 저자 신효헌

| 신효헌 회고록 |

다리 건너 저편

- 차 례
- 프롤로그

나의 가정환경 … 14

- 나의 아버지 … 14
- 나의 어머니 … 15
- 형제자매 … 17

월남과 6.25 전쟁 … 19

학교생활 … 25

- 초중고교 … 25
- 재수생활 … 26
- 서울대 법대 학창시절 … 27

고시 재수와 군 입대 … 30

- 과외교사 … 30
- 취직시험 … 31
- 군 입대 … 33
- 회심 … 34

외무고시 합격 … 38

외교관 생활 … 42
- 주네덜란드대사관 3등 서기관 겸 부영사 … 44
- 주제네바대표부 1등 서기관 … 50
- 주파푸아뉴기니대사관 참사관 … 55
- 주시카고총영사관 영사 … 62
- 외무부 조약심의관 … 65
- 주인도네시아대사관 공사 겸 총영사 … 66
- 주가나 대사 … 68
- 외무부 조약국장 … 75
- 주사우디아라비아 대사 … 79
- 경기도 국제관계 자문대사 … 87
- 주호주 대사 … 89
- 주아르헨티나 대사 … 106
- 외무부 퇴직 … 111

대학강의 및 공직 재임명 … 113
- 호서대학교 … 113
- 이화여자대학교 국제대학원 … 114
- 함경북도 도지사 … 115
- 송호대학교 … 120

교육 선교의 현장으로 … 122
- 대한예수교장로회 대신총회신학교 입학 … 123
- 캄보디아로 … 125
- 극동방송 운영위원 … 130
- 시니어선교한국 실행위원 … 132

기타 주변 이야기 … 135
- 강의 및 특강 … 135
- 영어 성경공부 … 137
- 결혼, 주례사 … 139
- 가훈, 좌우명 … 146
- 자녀들 이야기 … 149

• 에필로그　회고록을 마치며 … 152

부록

- 하나님이 기뻐하시는 삶을 살아야죠 … 156
- 부국이 되려면 … 170
- 남북한 간의 북방한계선(NLL)문제 … 174
- 복음전파 사명은 은퇴자를 비켜가지 않는다 … 186

나의 가정환경

나는 평산 신 씨의 중시조이며 고려의 개국공신인 장절공 신숭겸 장군의 32세손으로 한성윤공파에 속하며 1941년 12월 22일에 함경북도 청진에서 태어났다. 부모님은 신경화(申京和), 현옥숙(玄玉淑)이시다.

나의 아버지

아버지는 내가 5세가 되던 해인 1946년 1월 15일에 돌아가셔서 아버지에 대한 기억은 많지 않다. 아버지의 어머님 그러니까 나의 할머니도 일찍 남편을 여의고 혼자 함경북도 청진에서 과수원을 경영하셨는데 아들에 대한 교육열이 남다르셔서 아버지는 서울로 유학하여 휘문고등학교를 졸업하시고 고향으로 돌아와 함경북도 도청에서 근무하시다가 마지막에는 도청 농상 과장을 하셨다고 한다. 아버지는 당시 고등교육을 받은 지식인으로서 공산주의의 실체를 잘 알고 있었다. 1945년 8월 15일 우리나라가 일제의 압제에서 해방되고 북한에 소련군이 진주하고 소련군과 함께 북한에 온 김일성이 소련이 임명한 북한의 지도자로 공산주의 국가를 만들려고 하였는데 이러한 흉계를 알아차리고 아버지는 해방이 되자 가족을 두고 먼저 서울로 피난을 와서 통신사를 설립하여 운영하셨다.

가족 없이 홀로 생활하고 계시던 아버지는 당시 만연하던 전염병 발진티푸스에 감염되어 열악한 의료 환경으로 변변한 치료도 못 받으시고 해방 다음 해 1월 15일에 돌아가시게 되었다. 청진에서 이 소식을 들은 어머니는 부랴부랴 가산을 정리하고 어린 4남매를 데리고 두 달 뒤인 1946년 3월에 월남하셨다.

나의 어머니

나의 어머니 현옥숙 권사는 연주 현 씨이며 고향이 함경북도 길주이다. 어머니 역시 서울로 유학해서 숙명여고를 졸업하셨다. 어머니도 학교를 마친 후 고향으로 돌아가 유치원 선생을 하셨다고 한다. 그 후 아버지와 결혼하여 슬하에 2남 2녀, 4남매를 두셨다. 4남매는 형님 신항성, 누님 신훈, 그리고 나, 그리고 여동생 신효임이다. 어머니는 아버지가 일찍 돌아가시는 바람에 해방 이후 국내적으로 어려운 여건하에서 자식들을 키우시느라고 많은 고생을 하셨다. 다행히 결혼 전부터 예수를 믿어 신앙의 힘으로 힘든 삶을 잘 버티어 내셨다.

어머니는 남편을 여의고 생활을 위하여 전라남도 순천사범학교와 매산학교에서 가사 선생을 하셨고 매산학교에서는 기숙사 사감 일도 하시면서 당시 순천에 와 있던 미국인 여자 선교사들과 가까이 지내셨다고 한다. 어머니는 순천에 계실 때 여순반란사건을 겪으신 후 서울로 이주하셨는데 다음 해 6.25 전쟁이 발발했으니 계속 고난스러운 삶의 연속이었다 할 수 있다. 어머니는 6.25 전쟁 중의 피난 생활 그리고 서울 수복 후 계속된 가난한 삶 속에서 항상 주님을 의지하는 믿음으로 성경의 가르침대로 항상 기뻐하며 감사하는 생활을 하여 자식들은 물론 주변 사람들에게 신앙인의 모범을 보이셨으며 권사로서 교회도 열심히 섬기시다가 1977년 음력 1월 13일에 하나님의 부르심을 받으셨다.

어머니는 신앙심이 깊으셔서 매사에 낙천적으로 사셨고 음성이 곱고 평소 찬송가를 많이 부르셨는데 좋아하시던 찬송은 찬송가 370장인데 "주안에 있는 나에게 딴 근심 있으랴 십자가 밑에 나아가 내 짐을 풀었네. 주님을 찬송하면서 할렐루야 할렐루야 내 앞길 멀고 험해도 나 주님만 따라가리"라는 가사를 듣고 있으면 어머님의 간증 같은 내용이라고 생각된다.

평소 꽃을 좋아하셨으며 집 한 칸 없는 가난한 살림에서도 집 안에 꽃을 많이 기르셨는데 이사 갈 때에는 수십 개의 화분을 가지고 이사하던 때가 생각난다. 평소 기도를 쉬지 않고 하셨는데 6.25 전쟁이 발발하여 우리가 1950년 겨울, 피란길에 올랐을 때 남으로 길게 이어진 피란민 행렬과 함께 우리는 추풍령 고개를 넘다가 산속에서 밤을 보내게 되었다. 이때 어머니가 눈 위에 담요를 깔고 그 위에 자식들을 누이고 잠을 자지 않고 홀로 기도하시던 모습이 지금도 생생히 기억난다.

남편 없이 자식들을 기르시느라고 늘 바쁘게 지내다 보니 우리들에게 가정교육 같은 것을 하실 겨를이 없이 그저 "하나님께 이 아이들을 맡깁니다"라는 기도를 함으로써 우리들은 어려서부터 하나님의 말씀으로 훈육되었다고 할 수 있다.

형제자매

형님 신항성 대령은 서울 양정고등학교를 졸업하고 육군사관학교 생도 2기로 1950년 6월 1일에 입교하셨는데 25일 만에 6.25 전쟁이 났으니 훈련도 제대로 받아보지 못하고 그대로 전쟁터로 나갔다고 한다. 6.25 전쟁 시에는 육군 6사단 공병대 소대장으로 참전하셨고 중령 때는 십자성 부대 공병대대장으로 월남전에도 참전하시고 대령으로 예편하신 국가유공자이시다. 올해 92세의 고령이신데도 건강하셔서 군대 생활하시면서 산하를 누비시고 예편 후 강원도에서 전원주택을 지어 사시면서 정원도 가꾸고 텃밭을 가꾸면서 항상 움직이시고 일하신 체력이 뒷받침된 것이 아닌가 생각한다.

누님 신훈 권사는 서울 숙명여고를 다니다가 6.25 전쟁을 만났는데 전쟁 중에 국가의 부름을 받아 간호장교가 되어 부상당한 국군장병을 군병원에서 치료하다가 중위로 예편한 역시 국가유공자이시다. 결혼하여 슬하에 2남 2녀를 두었으며 현재 서울 광림교회 권사이시다.

동생 신효임 권사도 숙명여고와 서라벌대학을 졸업하였고 잠시 초등학교 교직에도 있었으나 결혼한 후 전업주부가 되었으며 슬하에 딸 둘을 두었다.

월남과 6.25 전쟁

나의 아버지는 해방된 후에 북한에 소련군이 진주하고 소련군을 따라온 김일성이 북한을 공산국가로 만든다는 소문이 돌아다닐 때 발 빠르게 38선을 넘어 서울로 오셨다.

당시 북한 주민들은 공산주의가 무엇인지도 모른 채 모든 사람이 평등하며 노동자, 농민들이 나라의 주인이 된다는 이야기에 현혹되어 공산주의를 환영하였으며 양반과 상민, 상전과 하인 등 사회계층에 관계없이 서로 "동무"라고 부르게 되었다고 좋아하였다.

아버지는 서울에서 고등교육을 받아 세계정세에 관하여 알고 있었으며 공산주의의 실체가 무엇인지 잘 알고 있었으므로 북한에 공산정권이 수립되기 전에 남한으로 오신 것이다. 사실

북한에 공산정권이 들어선 후에 제일 먼저 한 일은 친일파, 기업인, 지주, 지식인, 기독교인 등을 처형한 것이었다. 따라서 당시에 많은 사람들이 자신의 안전과 생존을 위하여 38선을 넘어 남한으로 왔다.

1945년에 월남한 아버지는 서울에서 통신사를 설립하여 일하셨는데 불행히도 당시에 서울에서 유행하던 발진티푸스라는 전염병에 걸려 1946년 1월에 별세하셨다. 해방 후 서울에는 북한은 물론, 만주, 일본 등지에서 우리나라 사람들이 해방된 조국을 찾아 귀국하였고 당시 위생 상황이나 의료수준이 열악하던 때인 만큼 각종 전염병이 유행하였다고 한다. 이러한 때에 가족을 북에 남겨두고 혼자 월남한 아버지는 주위에 돌봐줄 사람도 없이 변변히 치료받지도 못한 상황에서 세상을 떠나신 것이다.

아버지가 월남하신 후 가산을 정리하여 뒤따르려던 어머니는 아버님의 별세 소식을 접하고 서둘러 어린 4남매를 데리고 월남하였는데 그때가 1946년 3월이었다. 그때는 김일성 공산정권이 수립되기 전 소련이 군정을 하던 때여서 장사하는 사람들이나 가족 방문 등 사유로 남북 간에 왕래가 제한적으로 허용되던 때라 우리는 소련당국의 여행 허가를 받아 함경북도 청진에서 기차와 트럭을 타기도 하고 때로는 걷기도 하면서 남북한의 경계인 38선에 도달하여 현재 철원 소재 한탄강 위의 기차 철교 위를 걸어서 남으로 내려왔다.

지금도 기억에 남는 것은 소련 군인들이 어깨에 다발총을 멘 채로 우리의 도강허가서에 적혀있는 사람 수를 세면서 한 사람씩 남쪽으로 보냈는데 철교를 건너자 다리 맞은편에 있던 미군들이 우리를 학교 교실 같은 빈방으로 데려간 후 전염병 예방을 한다고 각 사람의 옷 속으로 디디티(DDT) 가루약을 분사하던 기억이 난다.

서울에 와보니 아버지는 이미 홍제동 화장장에서 화장하여 유골은 인근에 있는 절에 모셔져 있었는데 우리는 어머니를 따라 아버지 제삿날이나 설날, 추석 등에 홍제동 절을 찾아가곤 하였다. 아버지가 서울 을지로 2가에 일본인이 살다가 버리고 간 집을 불하받아 가지고 있었기 때문에 우리는 그곳에서 살았으며 어머니는 남는 방을 이용하여 하숙생을 받아 생계를 이어갈 수 있었다.

해방 직후 정부 수립 이전에 나라도 안정이 안 되고 경제도 어려운 때라 우리도 어렵게 살았는데 다행히 어머니는 고향 친척의 소개로 전라남도 순천에 있는 순천사범학교의 가사 선생으로 취직이 되어 우리는 양정고등학교에 다니던 형님을 서울에 남겨두고 모두 순천으로 이사를 가게 되었다.

얼마 후 어머니는 순천사범학교에서 다시 미션스쿨인 매산중학교로 직장을 옮기셨고 우리는 이렇게 순천에서 살다가 6.25 전쟁 전인 1949년 가을에 다시 서울로 오게 되었다. 나는 순천에서 동국민학교에 입학하여 3학년 중도까지 다녔으며 교회는 어머니를 따라 장로교회인 순천중앙교회에 다녔다.

우리가 아는 대로 1950년 6월 25일에 북한군의 기습남침으로 시작된 한국전쟁은 많은 사람들에게 불행을 가져다주었다 나의 형님은 양정고등학교를 졸업하고 가정 형편상 대학진학을 포기하고 태릉에 있는 육군사관학교에 들어갔다. 육사 입교일이 1950년 6월 1일이어서 우리는 6월 25일 일요일에 형님을 면회하러 가기로 하고 어머니는 먹을 것 등을 준비하고 있었는데 그날 새벽에 전쟁이 터진 것이다. 결국, 면회를 가지 못하고 전쟁이 어떻게 되어가는지도 모르는 상황에서 피란 가지 말고 안정하라는 정부 말을 믿고 있다가 6월 28일 서울은 공산군에 점령당하고 말았다.

따라서 그해 9월 28일에 서울이 다시 수복될 때까지 우리는 공산 치하에서 3개월을 살았는데 고생을 많이 하였다. 우리 같은 서민들은 우선 살길이 막막하여 어머니는 가지고 있던 옷가지를 가지고 시골에 가서 쌀, 보리, 밀 등 식량과 교환해 와서 그것으로 연명하였고 다른 사람들처럼 시장에 나가서 물건을 사고팔면서 생활을 이어갔다.

나는 당시 국민학교 4학년이어서 다행히 인민군으로 끌려가지 않았는데 학교는 문을 닫았고 형님은 사관학교에 간 후에 생사조차 알 수 없어 나와 누님은 어머니를 돕기 위해 거리에 나가 신문 장수, 엿장수, 팥죽 장수, 볶은 콩 장수 등 닥치는 대로 하였다. 식량이 떨어져 누님과 나는 도봉산까지 걸어가서 도토리를 잔뜩 따다가 물에 담근 후 도토리 범벅 같은 것을 해 먹은 기억도 있다. 6.25 전쟁 때 고생한 이야기는 다른 사람들도 겪은 고생이므로 여기에 장황하게 다 쓸 필요는 없다고 생각한다.

후에 안 일이지만 형님은 육사 입교 후 25일 만에 전쟁이 터져 총 쏘는 법만 대충 배워 전선에 투입되었는데 그때 동기생인 육사 생도 2기가 많이 희생되었다고 한다. 전쟁 시 훈련된 소대장이 많이 필요하다는 군당국의 판단하에 형님은 다른 생존자들과 함께 부산 동래에 있는 육군종합학교에서 3개월간 교육을 받은 후 공병 소위로 임관되어 육군 6사단 소속 소대장으로 수많은 전투에 참가하셨으며 그 후 월남전 때에는 십자성부대 공병대대장으로 참전하신 후 대령으로 예편하셨다.

우리는 9.28 서울 수복을 기뻐할 사이도 없이 중공군의 인해전술로 전세가 불리해져서 서울을 다시 공산군에게 빼앗겼는데 그것이 1951년 1월 4일이었다. 우리는 이번에는 일찍이 서울을 떠나 피란길에 올랐는데 서울을 떠난 날이 1950년 12월 24일 '크리스마스이브'여서 잊을 수가 없다. 우리 가족 4명은 리어카 한 대에 가재도구를 싣고 그 위에 5살 된 여동생을 태우고 지금 한남대교가 있는 한강에서 나룻배를 타고 강을 건넌 후 걸어서 남쪽으로 무작정 향하였다. 가는 도중 용인, 진천, 대전 등지에서 잠시 쉬다가 계속 피란길을 계속하였는데 결국 부산까지 가게 되었다.

나는 부산 근교에 있는 동래 서울피난국민학교(서울 일신국민학교의 피난학교)를 졸업하고 국가고시를 쳐서 부산에 피란 온 서울 경기중학교로 진학하였다. 나는 경기중학교가 어떤 학교인지 몰랐는데 국민학교 졸업 시 담임이시던 서정철 선생님이 경기중학교를 가라고 하여 가보니 우수한 학생들이 많고 유명한 학교라 다행으로 생각하였다.

학교생활

초·중고교

나는 어머님이 전라남도 순천에서 교편을 잡고 계실 때 순천 동국민학교에 다님으로 학교생활이 시작되었다. 그러다가 3학년 때에 서울로 올라와 방산국민학교를 다니다 6.25 전쟁으로 인하여 피란길에 올랐다. 우리 가족은 군 장교인 형님을 따라 충청북도 보은, 대전, 제주도 모슬포, 부산 등지로 옮겨 살았으며, 나는 여러 곳에서 학교를 다닐 수밖에 없었다. 국민학교 졸업은 부산 동래 서울피난학교였는데 그 학교는 서울 일신국민학교의 피난학교였다. 중학교는 담임인 서정철 선생님의 희망에 따라 당시 우수한 학생들이 많다는 경기중학교로 진학하였다. 중학교를 졸업하고 경기고등학교로 입학하고 졸업을 하였다.

재수생활

경기고를 졸업할 때 서울대학교 법과대학을 지원하였다. 나는 장차 판검사나 변호사를 하여 법을 통한 사회정의를 구현하겠다는 고상한 뜻을 가진 것이 아니고 장래 고시합격을 하면 나 같은 가난한 가정에서 자란 사람도 사회적으로 인정받고 신분도 수직 상승할 수 있다는 점에서 법대를 지원한 것이다.

그런데 1959년 초 대학 입학시험에서 의외로 낙방하였다. 그때까지 시험을 쳐서 실패한 적이 없었기 때문에 서울대 입시 실패는 나에게 매우 큰 충격을 주었다. 서울대 아닌 다른 대학, 그것도 2차 대학에 간다는 것은 자존심이 허락하지 않았다. 따라서 나는 재수하기로 결정하고 책과 옷과 이불 등을 가지고 강원도 춘성군 북산면 추곡리에 있는 추곡 약수터 가까이에 있는 청심장이라는 여관에 방 하나를 얻어 1년 동안 나와의 외로운 싸움을 시작하였다.

당시 재수하는 사람이 별로 없던 때라 나 자신도 재수가 무엇인지도 몰랐는데 경기고 3학년 때 담임이신 이종배 선생님의 격려와 도움으로 재수를 하게 된 것이다. 이종배 선생님은 경기고에서 영어를 가르치셨는데 후에 대학교수로 가셨고 은퇴 후에는 조용히 여생을 보내시다가 별세하셨다. 나는 이종배 선생님을 은인으로 생각하고 돌아가실 때까지 친구들과 함께 매년 정초가 되면 댁으로 가서 세배하였는데 선생님께서는 매우 기뻐하셨다.

혼자 공부하던 청심장은 장급여관으로 숙박업소이지만 주말이면 많은 사람들이 놀러 와서 점심식사를 하고 가는데 약숫물로 지은 밥과 함께 주로 닭백숙을 먹었다. 주말이면 시끄러운 분위기에서 공부도 되지 않고 또 일손을 도와달라는 청심장 측의 요청에 따라 요즘 말로 알바를 하였다. 나의 일은 방 청소, 손님들의 잔심부름 외에 음식상을 날랐으며 그때 손님들이 많이 먹은 닭을 잡았는데 하루에 40마리의 닭을 잡은 적도 있었다. 닭을 잡은 후 더운물로 데친 후 털을 뽑고 닭백숙 음식상을 나르고 저녁에 손님들이 모두 간 후에는 남은 음식을 부엌아줌마들과 함께 먹었는데 닭고기 냄새를 너무 많이 맡은 관계로 지금도 나는 닭을 잘 먹지 않는다. 닭을 많이 죽인 데 대한 속죄의 마음도 있는 것 같다.

서울대 법대 학창시절

세월이 흘러 다음 해 입시 시즌이 돌아왔다. 나는 1960년 봄이 되자 하산하여 다시 서울대 법대 행정학과에 입학원서를 냈다. 나는 기독교인으로서 사람을 정죄하는 직업에 매력을 못 느껴 국민들에게 봉사하는 행정관리가 되는 코스인 행정학과를 지원하여 무난히 합격하였다. 마침 그때부터 서울대는 행정학사 학위를 주게 되어 졸업 시에 나는 제1회 행정학사 학위를 받게 되었다. 서울대 법대에 합격한 나는 고등학교 1년 후배들과 동기가 되었으니 행정고시는 일찍 붙어야겠다는 결심을 하고 일찍이 고시 준비생의 대열에 들어갔다. 군인인 형님이 학비를 부담하는 가정 형편상 나는 학비나 책값은 내가 벌어야겠다는 생각에서 입학 후 바로 가정교사를 시작하였다.

당시 중학교 입시생을 지도하는 가정교사가 유행하였는데 서울대생은 인기가 있어 일자리를 얻기도 쉽고 보수도 후하였다. 나는 영등포, 청파동, 혜화동 세 군데에서 차례로 입주하여 학생과 같이 생활하면서 저녁 시간에는 입시 준비를 시키는 가정교사를 하다가 고시준비를 해야겠다는 생각에서 1년 후에는 가정교사를 그만두었다. 또한, 행정학과의 이상조 교수의 추천으로 졸업할 때까지 수업료를 면제받는 장학금을 받게 되어 2학년 때부터 행정고시 준비에 돌입하였다.

재학 중에 고시에 합격하여야 한다는 목표를 세우고 고시 준비 외에는 모든 것을 포기하는 총력전을 전개하였다. 따라서 대학 생활의 낭만이란 것은 전혀 없이 회색 생활이 나의 생활의 전부였다. 아침에 학교에 올 때 도시락을 두 개를 싸 가지고 와서 하나는 점심으로 또 하나는 저녁으로 먹고 강의 시간

외에는 법대 도서관에서 공부하다가 문을 닫는 심야에 집으로 돌아가곤 하였다. 겨울철에는 저녁 식사용 도시락이 차서 먹기가 어려워 학교 앞 대포집에서 뜨거운 국물만 사서 찬밥을 말아먹는 생활을 하였다. 그런데 이상한 것은 그렇게 열심히 공부하였는데 행정고시를 치면 낙방을 하는 것이었다. 매년 고시를 쳤는데 매년 떨어졌다. 아마 3~4회는 떨어진 것 같다.

결국, 나는 1964년 2월에 서울대 법대를 졸업하였는데 졸업 후에는 직업이 없는 무직자의 신세가 되었다. 그 당시 법대 졸업생들은 사법고시 합격을 하면 사법연수원 교육에 들어가고 행정고시에 합격하면 내무부 수습행정관이 되었다. 고시를 못 붙거나 아예 고시를 치지 않은 사람은 대학원에 진학하거나 취직시험을 쳐서 바로 사회에 진출하였는데 당시에 일류 직장은 한국은행, 산업은행, 삼호무역 같은 곳이었다. 그리고 재학 중 ROTC 교육을 받은 사람은 졸업 후 단기훈련을 받고 육군소위가 되었으며 일부는 간부후보생으로 갔는데 주로 공군 간부후보생으로 가서 공군소위가 되기도 하였다. 그런데 나는 고시에 꼭 합격할 줄 예상하고 실패할 때를 대비하지 않아 서울대 법대를 졸업한 후에는 직업이 없이 집에서 노는 사람이 되고 말았다.

고시 재수와 군 입대

과외교사

나는 홀어머니를 모시고 있었으므로 고시에 합격하여 자랑스러운 아들이 되고 싶었는데 그 꿈은 산산조각이 나 버렸다. 대학 졸업 후 밥값도 못 벌면서 집에 들어앉아 어머니가 해 주시는 밥을 먹는다는 것이 너무나 부끄러웠고 괴로웠다. 무엇보다도 어머니께 면목이 없었다. 어머니는 아무런 내색을 안 하셨지만, 그동안 나에 대한 기대가 컸으므로 실망도 컸으리라. 그때는 실업자가 넘쳐나는 때이며 정부 정책에 따라 군대에 갔다 오지 않은 젊은이는 공직은 물론 사기업체에서도 채용하지 않는 분위기였으므로 취직을 한다는 것은 거의 불가능한 일이었다.

그때 어머니 친구분 중에서 고마운 분이 계셨다. 초등학교 6학년 학생 5명을 모아줄 테니 가르쳐 보라는 것이었다. 나는 가정교사를 해본 경험이 있으므로 우선 밥벌이는 되겠다는 생각으로 중학교 입시 준비생을 가르치는 '과외공부선생'을 하기로 하였다. 『동아전과』책을 사서 철저히 예습하고 아이들을 열심히 가르쳤다. 그리고 틈틈이 고시준비를 하여 다음 해 다시 행정고시에 응시하였다. 다음 해 내가 가르친 아이들은 모두 원하는 중학교에 합격하였으나 나는 또다시 고시에 실패하였다.

취직시험

드디어 나와 고시와는 인연이 없고 실력도 부족하다고 인정하고 고시를 포기하고 취직하기로 하였다. 대학교를 졸업한 지 1년이 지나 다시 취직시험 시즌이 되었다. 나는 학교에 가서 취직시험 원서를 쓰고 학교의 확인을 받은 후 당시 고시 다음으로 법대생들에게 인기가 있는 한국은행에 응시하였는데 놀랍게도 필기시험의 결과는 불합격이었다. 나는 혹시 사원채용 광고가 있나 일간신문을 뒤적이다가 한성실업이라는 무역회사의 사원채용 광고를 보게 되었다. 주저 없이 응시하여 다행히 필기시험에는 합격하였는데 불행히 면접에서 떨어지고 말았다. 이유는 군 미필자이며 신체검사 등급은 갑종이어서 곧 군 징집이 예상된다는 것이었다.

실의에 빠져 있을 때 서울신문에서 5급 을류(지금의 9급공무원) 방송직 공무원 채용공고를 보았다. 내용은 KBS 국제방송국에서 '영어방송 아나운서 겸 PD'를 채용한다는 것이었다. 행정고시에 합격하면 3급 을류 공무원인 사무관이 된다. 그런데 5급 을류는 서기보로 공무원 계급 중 최하위직이다. 아마 동사무소 직원이 서기보가 되지 않을까? 나는 서기보 시험을 친다는 것을 과거에는 상상도 하지 않았다. 그런데 직업 없이 1년여를 보낸 내가 계급을 따질 때인가? 그리고 방송직은 특수전문직으로 영어로 방송한다는 것이 아닌가. 더군다나 PD는 방송프로그램을 만드는 사람이 아닌가? 영어에 관심이 많고 또한 창의적인 직종은 나에게 꼭 맞는다는 자기 합리화도 하면서 나는 주저 없이 원서를 제출하였다.

시험은 남산에 있는 KBS방송국에서 있었다. 먼저 스튜디오에 한 명씩 들어가서 준비된 원고를 마이크 앞에서 읽는 소위 음성 테스트였다. 나는 원래 담배도 안 하고 목소리가 좋으니 통과되었으리라고 생각했다. 다음은 필기시험인데 교실 같은 방안에 책상이 있고 약 40명 정도의 응시생들이 각각 책상에 앉았는데 책상 위에는 영문타자기가 있었으며 신문기사 같은 문제지가 있었다. 시험내용은 신문기사를 영어로 번역하여 타자로 쳐서 내라는 것이었다.

나는 영문번역은 하겠는데 영문타자기는 생후 처음으로 그곳에서 보았다. 이것이 어떻게 생긴 기계인가 하고 살펴보니 영문 알파벳이 a, b, c, d 순서대로 키에 적혀 있지 않고 a 다음에 b는 다른 곳에 있고 또 c는 찾아보니 다른 곳에 있어 거기서 배워 칠 수 있는 기계가 아니었다. 할 수 없이 타자를 칠 줄 모르는 나는 그저 영어 번역만 하여 제출하고 말았는데 오후에 면접이 있었다. 면접관 여러 명이 둘러앉아 나에게 질문을 하였다. "타자를 치지 못하였군요" 가만히 있었더니 "군대에 갔다 왔습니까?" "아직…." "신체검사는 받았나요?" "네." "체격 등급은 무엇입니까?" "갑종입니다." "그러면 영장이 나오면 군대에 가야겠군요" "네" "알겠습니다. 합격 여부는 후에 일간지에 공고하겠습니다." 면접하고 나오는데 예감이 좋지 않았다. 역시 불합격이었다.

군 입대

이제는 어떻게 하나? 나는 어디로 가야 하나? 그때 반갑게도 군 입대 영장이 나왔다. 그래도 나를 필요로 하는 곳이 있다는 사실에 감사하면서 나는 망설임 없이 논산훈련소에 입소하였다. 그때가 1965년 4월 1일이었다. 하루라도 빨리 군대 가고 싶은 마음에서 병무청에 가서 원래 5월 1일 입대하도록 되어 있는 것을 부탁하여 한 달을 앞당겼다. 군대 가면 먼저 머리를 깎는다는 이야기를 어디서 듣고 나는 자진해서 입대 전에 중처럼 머리를 밀고 왕십리역에서 논산훈련소행 군 열차를 탔다.

이렇게 하여 군번 11442524를 받고 군 생활이 시작되었다. 그런데 논산훈련소 제23연대 10중대에서의 나의 훈련병 생활은 전혀 다른 세상에서의 삶이었고, 이전에 경험하지 못하였던 체험의 연속이었다. 결론적으로 말하자면 훈련소 생활은 정신적 육체적으로 어려운 점도 있었지만, 대한민국의 건강한 남아라면 체험해 보는 것이 인생을 살아가는 데 매우 유익하다고 생각한다. 나의 군 생활은 잃어버린 시간이 아니라 나를 보다 성숙되고 든든한 남자로 만드는데 필요한 시간이었다고 생각한다. 더군다나 나는 논산훈련소에서 내 죄를 회개하고 평생 주님께 매달리게 된 회심(born again)의 체험을 하였다.

회심

논산훈련소 입소 후 얼마 되지 않은 어느 주일 아침, 나는 군인교회 예배에 가게 되었다. 나는 군대 생활의 삭막하고 고된 시간을 보내고 있던 터라 하나님께 예배드리러 간다는 기쁨 속에 교회에 도달하자 이상한 현상이 나타났다. 교회에서 흘러

나오는 찬송 소리를 듣자 걷잡을 수 없이 눈물이 나오기 시작하였다. 교회에서 눈물을 흘려본 것은 그때가 처음이며 주변 사람들이 볼까 봐 억제하려고 하여도 눈물은 계속 흘러나왔다. 예배 시간 중에 찬송을 불러도 눈물이 나왔고 기도시간에도, 군목의 설교를 들으면서도 눈물은 계속 흘러나왔다. 나는 하나님께 과거의 교만과 신앙 부족과 불성실함 등 모든 죄를 회개하면서 하나님께 울면서 기도하였다.

"하나님, 저를 살려 주십시오. 저는 일류 고등학교를 나왔고 대학도 일류 대학을 다녔으므로 저는 제가 머리도 좋고 잘난 사람인 줄 알았습니다. 그런데 지금 저는 잘 나기는커녕 아무것도 아닌 사람입니다. 저에게는 아무것도 없습니다. 하나님의 도움 없이는 살 수 없는 사람입니다. 하나님, 지금 저를 도와주십시오. 제가 군 복무를 마치고 사회에 복귀하여도 어디로 가야 할지 모릅니다. 저에게 번듯한 직업 하나를 주십시오. 저에게 직업을 주셔서 소득이 생기면 하나님께 십일조 헌금을 하겠습니다. 그리고 평생 하나님을 배반하지 않고 신앙생활 잘하겠습니다."

이러한 기도를 울면서 거듭거듭 주님께 드렸다. 그때 나는 누가 시키지도 아니하였는데 하나님께 두 가지 서원을 하면서 기도하였다. 그런데 놀랍게도 그 기도를 하나님께서 들어주셨다. 그날 이후 나에게 마음의 평화가 찾아왔고 모든 것을 하나님이 인도하신다는 느낌을 받았다.

훈련소에서 전반기 훈련을 마친 후 생각지도 않았는데 나는 후반기 훈련 대신 경북 영천에 있는 육군 부관학교에서 인사행정병 교육을 받게 되었다. 부관학교는 훈련소와는 분위기부터 달랐다. 개인화기가 없기 때문에 총을 만지지 않고 대신 책과 펜을 가지고 교실에서 군 행정 특히 인사행정에 관한 교육을 받았다. 소정의 교육이 끝난 후 나는 인사행정병(주특기 709)이 되어 일선 부대로 배속받게 되었다.

그런데 부관학교에서는 교육생들의 교육열을 고취하기 위하여 수료 시 1등에서 5등까지는 충원지시내에서 희망하는 부대로 우선적으로 배치해 주는 전통이 있었는데 나는 97명의 교육생 중에서 3등을 하였다. 따라서 학교에서는 나는 서울에서 왔으므로 용산에 있는 육군본부 부관감실로 가라고 하였으나 나는 서울로 가는 것보다는 형님이 대대장으로 계시는 육군 27사단을 희망하여 강원도 사창리에 있는 육군 27사단으로 가게 되었다. 후에 들은 바에 의하면 육군부관학교에서 과거 5등 이내 성적으로 졸업한 사람이 서울, 부산 등 대도시로 갈 수 있는데 자원해서 전방 사단으로 간 사람은 없었다고 하며 나의 후배들 중에도 아마도 없었을 것으로 생각된다.

이렇게 하여 나는 희망대로 27사단으로 가게 되었는데 사단 보충대에 도착한 당일 사단장의 전속부관인 원용석 중위가 와서 나를 데리고 사단장 이준학 준장(후에 소장으로 승진)의 숙소로 데리고 가서 다른 사병들과 같이 숙소 요원으로 근무하게 되었다. 이준학 장군은 매우 온후한 성품을 가진 덕이 많은 장군으로 그를 모시게 된 것을 행운으로 생각하며 부인 박재숙 여사와 함께 훌륭한 분으로 존경하고 있다. 이 장군님은 내가 제대를 한 후에도 계속 찾아뵙곤 하였으며 후에 내외분이 돌아가실 때까지 가까이 지내면서 지도를 받았다.

외무고시 합격

1967년 가을 예정대로 군 복무를 마친 후 취직을 생각하였으나 이준학 장군의 의견과 고시에 대한 미련을 못 버려 다시 행정 고시 준비를 하기로 하였다. 당시 어머님은 경기도 부천군 오정면 오정리에 집을 짓고 살고 계셨으며 나는 집 근처에 있는 오정감리교회 예배에 참석하는 시간 이외에는 방에 틀어박혀 두문불출 고시준비에 전념하였다.

사실 나는 집보다는 조용한 산사(山寺)에서 고시준비를 하는 친구들을 부러워한 적이 있어 제대 후 바로 서울을 떠나 절로 갔다. 먼저 간 곳은 강원도 죽령 희방사였는데 그곳에 있는 고시생들의 분위기가 마음에 들지 않아 며칠 후 그곳을 떠나 공주 마곡사 청연암이라는 암자로 갔다. 그곳 주지가 나를 환영하고 친절히 대해 준 것은 좋았는데 도착 후 다음 날 새벽에 예불을 하면서 그곳에 있는 다른 고시생들의 이름을 부르며 합격을 기원하는 불공을 드리는 것을 듣고 내가 있을 곳이 아니라는 생각이 들었다. 그날 아침밥을 먹은 후 바로 하산하여 집으로 돌아왔고 결국 오정리 집에서 고시준비를 하였다.

그러던 어느 날 서울 시내로 나갔다가 길에서 우연히 고등학교 동기동창인 송영식을 만나 반갑게 인사를 나누었다. 그는 외무부 동남아과에 근무하는 외교관이었다. 그는 내가 제대 후 행정고시를 준비하고 있다고 하니 외무고시를 쳐보는 것이 어떻겠느냐고 하였다. 자기는 외무부에 주사로 근무하고 있는데 곧 사무관을 뽑는 외무고시 공고가 날 예정이므로 그 시험을 준비 중이라고 하면서 나에게 응시를 권유하는 것이었다. 나는 외무고시를 보려면 영어 이외에 제2외국어를 잘해야 하고 또한 국제법, 외교사 등 새로운 과목을 공부하여야 하는데 잘 되겠느냐고 하니 그는 우리가 고등학교에서 독일어를 배웠으니 제2외국어는 독일어를 하면 되고, 국제법과 외교사는 분량이 방대하나 분량이 적은 책을 택하여 공부하면 되지 않겠느냐고 구체적인 공부방법까지 가르쳐 주었다.

우리는 길에서 예정에 없던 짧은 만남을 가졌으나 이것은 하나님께서 그를 통해서 나의 진로를 바꾼 매우 놀랍고 큰 사건이었다. 나는 군대 생활로 인하여 고시준비의 공백기가 있었으므로 나의 실력을 점검도 해볼 겸 먼저 시험공고가 난 외무고시에 도전하기로 하였다.

나의 외무고시 합격은 정말 기적이라 할 수 있다. 나에 대한 하나님의 계획은 외교관이었으므로 내가 외무고시에 응시하자 하나님의 방법으로 합격시키신 것이다. 나는 외무고시 준비를 위한 기간이 충분치 않았으므로 각 과목당 출제 예상문제를 20문제씩을 골라 모범답안을 만들어 암기하였는데 정작 고시장에 들어가 보니 거의 모든 과목에서 내가 뽑은 예상문제가 출제되었다. 독일어의 경우 절반은 문법 문제가 개관식으로 출제되고 나머지는 주관식으로 논문을 작성하는 것이었다. 논문의 경우 나는 1개 문제만 만들어 답안을 암기하였는데 바로 그 문제가 출제되었다.

이렇게 하여 나는 외무고시에 무난히 합격하였다. 고시란 떨어진 사람에게는 매우 어려운 시험이나 합격한 사람에게는 매우 쉬운 시험이라고 생각한다. 나는 기적적으로 1968년도 제1회 외무고시에 합격하였다. 나는 행정고시에는 여러 번 고배를 마셨으나 외무고시는 단번에 붙은 것이다.

합격자 명단이 중앙청 게시판에 나붙고 서울신문에 공고되었을 때 나는 생각하였다. "왜 이러한 일이 생긴 것일까?" 그리고 스스로 답하기를 “하나님께서 예수 믿는 외교관이 필요하신가 보다.” 따라서 나는 35년간 외교관 생활을 하면서 예수 믿는 외교관으로서의 나의 정체성을 분명히 하려고 노력하였다.

논산훈련소의 군인교회에서 하나님께 두 가지 서원을 하였는데 하나는 십일조를 하는 것이었다. 따라서 나는 외무부에 들어간 후 첫 월급을 탈 때부터 월급의 10분의 1을 구별하여 하나님께 드렸으며 그 이후에도 소득의 십일조를 드리는 생활을 계속하였다. 나의 경험상 십일조를 하는 것은 매우 쉬운 일이라고 생각한다. 봉급이나 소득에서 10분의 1은 떼어놓고 10분의 9를 가지고 생활하면 되는데 그것으로도 부족함이 없었다. 그런데 두 번째 서원으로 나는 평생 신앙생활을 잘하며 하나님을 배반하지 않겠다고 하였다. 어떻게 살아야 하나님을 배반하지 않는 삶을 사는 것인지 알 수 없어 항상 불안하고 긴장하게 된다.

외교관 생활

신규채용자 교육을 마친 후 1968년 5월부터 외무부에서 근무하였다. 본부에서는 여권과, 경제협력과, 기획관리실(행정), 국제기구과, 국제기구1과장, 국제법규과장, 조약심의관, 조약국장, 경기도 자문대사, 외교안보연구원 연구위원, 외교안보연구원 부원장으로 일하였으며 해외 근무는 네덜란드, 스위스(제네바), 파푸아뉴기니, 미국(시카고), 인도네시아, 가나, 사우디아라비아, 오스트레일리아, 아르헨티나 등 9개국에서 근무하고 2003년에 퇴직하였으니 장장 35년을 외교관으로 근무한 셈이다.

나는 여러모로 부족한 내가 외교관이 된 것을 항상 하나님께 감사하였으며 따라서 진급에 관심을 갖는다거나 좋은 보직을 위하여 소위 운동을 해본 적이 없다. 때가 되어 진급을 시켜주면 감사하였고 보직의 경우 어디로 보내도 감사하였고 그곳에서 최선을 다하였다.

나의 외교관 근무를 되돌아보면 다른 사람과 다른 다음과 같은 특징을 발견할 수 있다.

1) 나는 아주국이나 미주국 같은 지역국에서 근무한 적이 한 번도 없고 모두 기능국에서 근무하였는데 자연스럽게 국제기구 및 국제회의 전문가 및 국제법 전문가가 되었다.

2) 재외공관도 전 세계 5대양 6대주를 다 근무하였다.

아시아지역: 인도네시아, 파푸아뉴기니

유럽지역: 네덜란드, 스위스

중동지역: 사우디아라비아

아프리카지역: 가나

북아메리카지역: 미국

남아메리카지역: 아르헨티나

대양주지역: 오스트레일리아

3) 근무한 국가도 선진국, 중진국, 후진국을 골고루 근무하였다.

선진국: 미국, 스위스, 네덜란드, 오스트레일리아

중진국: 사우디아라비아, 아르헨티나, 인도네시아

후진국: 가나, 파푸아뉴기니

어떻게 내가 계획한들 이렇게 근무할 수 있을까? 아마도 하나님께서는 전 세계 모든 나라를 고루 보게 하시고 후일 세계 선교의 일꾼으로 쓰시기 위하여 미리 계획하신 것이 아닐까 생각하게 된다.

이제 각 나라를 둘러보자. 근무한 내용, 만난 사람들, 기억에 남는 일, 보람 있었던 일을 다 적을 수는 없고 그중에서도 생각나는 일들을 간략히 적어본다.

주네덜란드대사관 3등 서기관 겸 부영사

우리가 화란이라고도 부르는 네덜란드는 꽃과 풍차로 유명한 아름다운 나라이다. 강인하고 성실한 사람들이 바다보다 낮은 땅을 가꾸어 살기 좋은 나라를 만들었는데 나는 1971년 7월부터 3년을 근무하면서 송광정 대사를 포함 3인 공관에서 총무, 영사, 통신업무를 담당하여 늘 바쁘게 시간을 보냈으나 즐거운 기억을 많이 가지고 있다. 그런데 화란은 모든 문서는 화란어로 되어 있고 신문도 화란어로 발간되고 영자신문은 아예 없었다. 따라서 화란어를 모르면 화란의 국내정세를 파악할 수 없었다. 나는 외무부 본부의 허가를 얻어 일과 시간 외에 화란어를 공부하기로 하였다.

헤이그에 소재한 Institute of Social Studies에서 1년 동안 저

네덜란드 풍차

녁 시간에 화란어를 공부하였다. 현지에서 매일 접하는 화란어에 대한 절박한 필요성과 과거 독일어를 배운 경험으로 인하여 (인근 국가의 언어인 독일어와 화란어는 서로 유사성이 많다) 빠르게 화란어 실력이 향상되어 얼마 후에는 간단한 일상대화는 물론 신문도 해독할 수 있게 되었다. 매일 아침 일찍 출근하여 대사관으로 배달되어온 화란어 신문을 읽고 내용을 요약하여 대사님이 출근하시면 그날의 중요 뉴스를 브리핑하였다.

얼마 후 공관장이 교체되어 최완복 대사가 새로 오셔서 율리아나 여왕에게 신임장을 제정할 때 수행하여 여왕에게 화란어로 인사를 드린 기억이 있다. 그때 여왕은 옆에 배석한 외무장관에게 아시아 국가의 젊은 외교관이 화란어를 하는 것을 처음 본다고 하면서 매우 행복한 표정을 지셨다.

그런 이유인지는 모르겠으나 네덜란드 근무 후 귀국하였더니 네덜란드 정부에서 양국 간 우호 관계 증진에 기여하였다고 훈장을 보내와서 주한 네덜란드대사 관저에서 훈장을 받았던 기억이 새롭다. 외무부에서는 화란어 공부를 하였으니 화란어 능력 검정을 받으라고 하여 외교연구원에서 화란인 외대교수로부터 검정을 받아 2급을 획득하였다. 이것은 화란어에 관한 그동안 우리 외교관이 받은 급수 중에서 가장 높은 급수라고 하였다.

헤이그에는 우리가 아는 이준 열사의 묘소가 있다. 이준 열사는 1907년 만국평화회의에 이상설 이위종 열사와 함께 회의에 참석하려고 하였으나 일본이 외교적으로 대한제국을 대표한다는 이유로 회의 참석이 거절되자 며칠 후 1907년 7월 14일 헤이그에서 돌연사를 하셨다. 당시 이준 열사의 유해는 헤이그 시내에 있는 뉴에이크엔다우넨 공동묘지에 안장되었고 우리가 국권을 회복한 후 고국으로 봉환되어 현재 서울 수유리에 묘지

이준 열사 기념관 방문 (설립자 이기항, 송창주 씨와 함께. 2019. 6. 네덜란드, 헤이그)

가 있다. 따라서 헤이그에는 과거에 매장되었던 자리가 비석과 함께 아름답게 조성되어 화란을 방문하는 동포들이 참배하는 곳이 되었다.

그 후 화란 거주 교민인 이기항 씨, 송창주 씨 부부가 사재를 털어 이준 열사가 머물렀던 낡은 호텔(Hotel de Jong)을 매입하여 이준 열사 기념관으로 만들었는데 이곳은 현재 많은 동포들이 방문하여 이준 열사의 사진과 문서, 유품들을 보면서 열사의 고귀한 애국심을 되새기는 곳이 되었다. 나와 가족은 네덜란드에서 근무한 3년 동안에 헤이그에 있는 미국인교회(American Protestant Church)에 다녔는데 그곳 교우들이 베풀어 준 친절과 도움을 잊을 수 없다.

다시 찾은 화란 이준 열사 기념관 입구(2019. 6)

여러 가지 꽃으로 아름다운 화란 시골의 들판(1973. 4. 28 아내와 큰딸 혜인)

튤립꽃이 만발한 들판에서(1974. 4. 15 큰딸 혜인)

제네바의 명물 꽃시계 앞에서(혜인 정인)

주제네바대표부 1등 서기관

1977년부터 3년 동안 스위스 제네바에 있는 우리나라 대표부에서 GATT, UNCTAD, WHO, ITU, ILO 등 국제기구를 담당하였다. 대표부 업무는 주로 국제회의에 우리나라 대표로 참석하는 것이므로 업무는 단조로우나 항상 긴장하면서 근무하였다. 특히 당시에는 국제회의에서 남북한이 충돌하는 일이 비일비재 하였으므로 회의장에서 북한 대표의 동태를 파악하고 회의 도중 우리나라를 비방하는 발언을 하는 경우 지체 없이

제네바 한인교회 성탄 축하예배 후(1979. 12. 23)

반박하여야 하므로 마치 전투에 임하는 군인 같은 자세로 일하였다.

특히 기억에 남는 일은 박정희 대통령 시해사건 발생 시 국제통신연맹(International Telecommunication Union: ITU) 회의에 참석하고 있었는데 ITU에서 무선통신 호출부호(call sign)를 북한에 배분하는 문제를 놓고 북한과 대결하여 격렬한 외교전을 펼치던 일인바, 그때 공관장인 노신영 대사의 탁월한 능력과 리더십에 크게 감동 받았던 일이 기억에 생생하다.

제네바 한인교회 성탄절 행사(1979)

또한, 제네바 근무할 때 한인교회를 시작한 일은 소중한 기억으로 남는다. 나는 한국교회가 없는 그곳에서 미국 루터교회(American Lutheran Church)에 다녔는데 한편으로는 서울에서 보내오는 우리나라의 유명한 목사님들의 설교 테이프를 들으며 신앙적인 기갈을 면하려고 노력하였다. 그러다가 좋은 내용의 설교 테이프가 오면 우리 내외가 들은 후 공관 직원들에게 권하여 듣게 하였고 점점 테이프를 듣는 사람이 많아지게 되니 우리 집에서 모여서 같이 듣게 되었다.

제네바 한인교회 성탄절 행사(1979)

그것이 발전하여 제네바 현지교회와 교섭하여 교육관을 빌려 주일날 오전에 시간을 정하여 듣게 되니 자연히 담임목사는 없으나 번듯한 교회가 되었다. 한인교회가 생기게 되니 대표부 직원 가족은 물론 교민들 가족도 참석하여 우리는 은혜롭게 신앙생활을 하였다. 그때의 대표부 직원들과는 제네바를 떠난 후에도 서로 연락하며 가까이 지냈으며 교민들의 일부는 그 후에도 만날 수 있었으나 국제결혼한 가정 등 일부는 소식을 몰라 궁금하다. 지금은 어디에서 무엇을 하고 있는지 보고 싶은 사람들이 많다.

이렇게 우리는 제네바에서 한인교회를 중심으로 신앙생활을 하였는데 1979년 부활절 연휴기간 중에 네덜란드에서 이기항 장로 내외가 제네바를 방문한 적이 있었다. 마침 주일이 되어 우리는 같이 한인교회에서 예배를 드렸는데 이분들이 네덜란드로 돌아가 암스테르담에 있는 자택에서 예배를 드리기 시작한 것이 오늘날 화란한인교회가 되었다. 그동안 세월이 많이 흘렀는데 우리 내외는 우리의 첫 해외 근무지이며 둘째 딸 정인이의 출생지인 네덜란드를 정인 가족과 함께 2019년에 다시 방문한 적이 있다. 그때 헤이그에서는 우리가 살던 집, 옛날 대사관이 있던 곳을 가보고, 이준 열사기념관, 이준 열사 묘지, 국제사법재판소(ICJ) 등을 방문하였고 암스테르담에서는 화란한인교회에서 이기항 장로 내외분과 함께 주일예배를 드리고 교우들께 인사할 기회가 있어 감회가 새로웠다.

주파푸아뉴기니대사관 참사관

제네바근무를 마친 후 귀국하여 나는 본부에서 국제기구1과장, 국제법규과장으로 근무한 후 주파푸아뉴기니대사관 참사관으로 발령받았다. 파푸아뉴기니(Papua New Guinea: PNG)는 국제사회에 잘 알려지지 않은 1975년에 독립한 저개발국가로 과거 한때 식인종이 살던 곳이다. 우리 정부가 남태평양 지역에 대한 북한의 침투를 저지하고 외교활동의 폭을 넓히기 위하여 대사관을 설치하였는데 나는 1981년 두 번째 참사관으로 부임하였다.

그 당시 PNG는 외무부에도 별로 알려지지 않은 생소한 나라이고 그곳에서 근무한 적이 있는 우리 외교관도 없어서, 부임에 필요한 정보를 서울에 있는 미국대사관과 호주대사관을 통하여 얻을 수 있었다. PNG는 기후가 덥고 생활여건이 열악하고 의료시설이 낙후된 곳이었으나 하나님의 은혜로 우리 내외와 어린 세 명의 아이들은 매우 즐겁고 유익한 생활을 하였다. 우리는 현지교회인 Boroko United Church에 다녔는데 외무부의 Paulias Matane 외무차관(의원내각제를 하는 PNG에서는 외무장관은 국회의원이 맡으며 직업 외교관의 최고위직은 외무차관임)이 그 교회 교인이어서 우리는 자연스럽게 서로 친하게 되어 대사관의 활동에도 도움을 받게 되었다.

Matane 외무차관 고향마을 사람들과(1984.10.)

교회에 다닌 지 1년쯤 지난 후에 고향에 휴가를 간 Matane 차관의 초청으로 Rabaul 섬에 있는 그의 고향을 방문하여 그를 비롯한 일족들로부터 환영을 받았으며 함께 Rabaul에 있는 교회에서 주일예배를 드린 기억이 새롭다. Matane 외무차관은 그 후 국가원수인 총독(Governor)이 되었는데 나와는 계속 편지를 주고받았으며 자연히 우리 대사관의 활동을 도와주었다고 한다.

PNG는 교민도 얼마 되지 않고 생활이 어려운 지역이어서

일요일이면 우리집이 가정교회가 되었다(1983. 파푸아뉴기니)

한인들은 서로 가깝게 지내며 동포애를 나누었다. 대사관도 윤처원 대사를 위시하여 나와 정래권 서기관 이렇게 3인 공관에서 서로 의지하고 격려하며 가족처럼 지냈다. 교민들과도 가깝게 지냈는데 주일이 되면 우리집에 교민들이 모여 예배를 드렸다. 그때 우리 딸 혜인이는 예배 때 피아노 반주를 하였고 정인이는 교민 가정의 아이들을 모아놓고 성경 이야기도 들려주고 노래와 율동도 같이하면서 한국교회가 없는 곳에서 작은 교회학교의 교사 역할을 하였다. 성탄절이 되면 어른들도 모시고 예수님의 탄생에 관한 연극도 하면서 즐거운 크리스마스를 보내기도 하였다.

PNG는 외무부에서 재외공관 중 소위 험지(hardship post)로 분류되어 2년에 한 번은 본부에서 비용을 부담하여 부근에 있는 선진국에 휴가를 가도록 배려하는 제도가 있었다. 우리는 PNG에서 3년을 근무하였으므로 1984년 여름에 온 식구가 호주와 뉴질랜드로 2주 동안 휴가를 다녀왔다. 처음 가본 호주 시드니는 PNG에서 온 우리들에게는 선진국이면서 화려하여 문자 그대로 별천지에 온 것 같았으며 뉴질랜드에서는 자동차를 렌트하여 남섬과 북섬을 두루 여행하였다. 북섬에서는 웰링턴 근교 Lower Hutt에 있는 Commonwealth Covenant Church(CCC)교회를 다시 방문하여 Watkins 목사님과 교우들의 환영을 받으며 감격적인 재회를 하였다.

이제 Lower Hutt 교회와의 인연에 관하여 간략히 설명해야겠다. PNG에 부임한 지 1년 후인 1982년에 전두환 대통령의 동남아, 대양주 순방이 예정되어 있었다. 전 대통령의 방문국에는 뉴질랜드가 포함되어 있었는데 직원이 적은 주뉴질랜드대사관의 대통령 행사를 돕기 위하여 본국 및 재외공관에서 적절한 인원을 뉴질랜드로 보내어 일을 돕게 하였는데 나도 차출되어 뉴질랜드 웰링턴에서 대통령 행사를 준비하였다.

약 2개월 웰링턴에 있는 동안 주일이 되어 나는 대사관 직원의 소개로 자동차로 약 20분 거리에 있는 Lower Hutt라는 소읍에 소재한 Commonwealth Covenant Church에서 예배를 드리게 되었다. 대사관이 있는 웰링턴에는 우리 교민이 별로 없는 관계로 한인교회가 없어 현지 교회로 가게 되었다. Lower Hutt 교회 교인 중에 한국인은 오직 한 가정만 있고 그 외에는 전부 뉴질랜드 사람들이었고, 교인들은 매우 친절하게 나를 맞이하여 주었다. 교회담임은 Watkins 목사였는데 이미 70세가 넘은 분이었고 목사님의 비서 겸 대외관계를 담당하는 Nichols (일명 Tui) 자매가 특별히 나에 대해 신경을 많이 써 주었다.

예배 후에는 목사님과 함께 점심을 먹고 David라는 청년이 Lower Hutt 지역을 두루 구경시켜 준 후에 내가 머물고 있는 숙소로 데려다주었다.(당시 대통령 행사 준비에 2개월이 소요되어 나는 취사가 가능한 집을 빌려 외부에서 온 다른 외교관과 함께 거주하고 있었다) 그다음 주에도, 그리고 그다음 주일에도 David는 나를 데리러 와서 함께 교회로 갔으며 예배 후에는 목사님과 함께 점심 식사하고 웰링턴 내가 있는 곳으로 데려다주었다. 아무리 다른 데서 온 손님이므로 친절하게 대하는 것이 크리스천이라고 하지만 얼마 있다가 떠나가면 다시 만나지 못할 사람에게 베풀어 주는 Lower Hutt 교회 교인들의 사랑은 나를 감동시키기에 충분하였다.

그렇게 시간은 지나가서 전 대통령 일행은 순방을 위해 서울을 출발하였으며 우리도 뉴질랜드 방문 준비를 마치고 대통령 일행이 오시기를 기다리고 있었다. 그런데 이게 웬일인가? 대통령 순방 첫 나라인 미얀마에서 아웅산 사건이 터져 대통령의 공식 수행원 대부분이 순국하거나 부상당하는 사건이 발생하여 전 대통령은 부득이 다른 나라의 순방을 취소하고 귀국하였다. 따라서 뉴질랜드 방문도 취소되었으며 방문을 준비하던 요원들은 모두 원대 복귀하게 되었다. PNG로 떠나기 전에 Lower Hutt 교회 목사님께 인사를 하려고 하였는데 먼저 목사님으로부터 소식을 들었다고 하면서 떠나기 전에 만나자고 연락이 왔다. 따라서 목사님과 약속을 한 날 교회로 갔더니 목사님은 10여 명의 교회 신자들과 함께 나를 기다리고 있었다. 간단한 음료와 간식을 먹으면서 우리는 석별의 아쉬움을 나누었다. 마지막에 목사님은 참석자 모두 손잡게 하고 기도를 하였는데 그 내용이 나의 마음에 크게 와닿았다. 그 내용은 이러했다.

"하나님 아버지, 이곳에 신효헌 형제를 보내주셔서 우리가 함께 그리스도의 사랑을 나누게 하여 주신 것을 감사합니다. 이제 이 형제는 곧 Papua로 갑니다. 우리가 이제 헤어지면 하늘나라에서 다시 만날 것입니다. 그때까지 형제와 가족을 하나님 품에서 보호하시고 건강과 행복을 주시기를 바랍니다."

나는 감동적인 기도 후 목사님에게 감사하다는 말씀과 함께 "우리가 천국에서 만나기 전에 이 세상에서 다시 만날 수 있습니다. 제가 가족들과 함께 다시 와서 목사님과 여러 교우들을 뵙겠습니다" 이렇게 말하고 PNG로 돌아왔다.

나는 아내와 아이들에게 Lower Hutt 교회 이야기를 들려주고 이렇게 그리스도의 사랑을 실천하고 특히 나그네를 환대한 모범적인 교회를 함께 가보자고 하여 다음 해 여름 휴가 시 일정에 Lower Hutt 교회 방문을 포함시켰던 것이다. 우리는 뉴질랜드 도착 후 사전에 연락하고 수요일 오후에 Lower Hutt 교회를 방문 수요일 저녁 예배에 참석하였다.

교회에서는 예배 후에 우리 가족을 위하여 성대한 다과회를 준비하여 우리는 음식과 음료를 함께 나누면서 재회의 기쁨을 나눌 수 있었다. 교회에서는 우리가 호텔에 가는 것을 극구 만류하면서 이미 예약되어 있다고 하면서 교인 집에 숙소를 준비하여 우리는 뉴질랜드 가정에서 일박하였다. 그다음 날 아침 교인 집에서는 우리를 위하여 쌀밥도 준비하고 떠날 때 교우들 여러 명이 와서 이별의 노래를 합창해주어 우리들의 가슴을 뭉클하게 하였다.

나는 PNG에 돌아와서도 Nichols 자매와 편지를 주고받았으며 우리가 서울이나 다른 외국에 있을 때에도 적어도 일 년에 한 번 크리스마스가 오면 카드와 함께 성탄절 인사를 나누며 우정을 이어 왔다. 세월이 흘러 Watkins 목사님은 돌아가시고 Nichols 자매도 나이가 많아 양로원으로 들어갔다는 소식을 들었다. 그 후 자연히 편지 쓰는 것을 그만두게 되었는데 이 아름다운 교회와 교우들은 아직도 나의 기도 속에 남아 있으며 앞으로 천국 가면 다시 만나보기를 소망하고 있다.

주시카고 총영사관 영사

PNG에서 3년을 근무한 후 1985년 주시카고 총영사관 영사로 발령받아 미국으로 가게 되었다. 나는 외교관이 된 후 유럽 지역을 두 번 근무하였으나 미국은 가보지 못하여 미국 근무를 한 동료들을 부러워하였다. 나도 워싱턴에 있는 대사관은 아니지만 미국에서 근무할 수 있게 되어 기뻤고 감사한 마음을 가지고 시카고로 부임하였다.

총영사관에서 정경일 총영사와 그 후 이승곤 총영사를 모셨는데 두 분 다 실력있고 훌륭한 외교관으로서 그분들을 모시고 일한 것을 행운으로 생각한다. 나는 총영사관에서 차석으로 교민업무와 여권관련 업무를 하면서 교민들의 지위 향상과 복지 증진을 위하여 노력하였다. 총영사관에는 나 외에도 영사들이

Lakefront Skyline

CHICAGO

여러 명 있어 교민들은 나를 수석 영사라고 불렀다.

총영사관 업무는 대사관과 달라 교민들을 섬기고 봉사하는 일이 많아 신경이 쓰였으며 교민들의 고향, 한국에서의 직업, 미국에서 하는 일과 만족도에 따라 여러 종류의 교민들로 분포되어 있었다. 어떤 사람은 우리 정부나 총영사관에 비우호적인 사람도 있었으나 내가 크리스천인 것을 아는 교민교회 목사님들의 적극적인 보살핌과 협조에 힘입어 시카고에서 지낸 3년 동안 즐겁고 보람 있는 생활을 할 수 있었다. 주시카고총영사관은 미국 중서부에 위치한 12개 주를 관할하여 교민 담당 영

시카고에서 출석한 가나안장로교회(1985)

사로서 나는 각주를 순방하며 교민들의 생활을 살펴볼 수 있는 기회를 갖기도 하였다. 우리 가족은 시카고에서 가나안 장로교회(이용삼 목사)에 다녔다.

또한, 시카고 근무 중에 잊지 못할 일은 무디성경학교(Moody Bible Institute)를 다닌 것이다. D.L. Moody는 미국 개신교 역사상 널리 알려진 세계적인 복음 전도자(Evangelist)로서 그가 설립한 저명한 성경학교가 시카고에 있다. 나는 그곳에서 직장인을 위한 야간 성경 과정을 2년간 다녔는데 성경에 관한 지식과 함께 많은 은혜를 받았다. 그곳에서 성경을 체계적으로 배운 탓에 그 이후 인도네시아, 가나 등 해외 근무 시 나는 교민교회에서 희망자들과 함께 로마서로부터 시작하여 성경을 함께 공부하면서 은혜를 나눈 바 있다.

외무부 조약심의관

3년간의 시카고 근무를 마친 후 서울올림픽이 개최되는 해인 1988년 귀국하여 외무부 조약심의관으로 근무하였다. 당시 외무부에는 조약국이 없어지고 조약업무는 국제기구국에 편입되어 국제기구조약국이라고 불렀다. 국제기구조약국장은 국제기구 전문가가 맡고 조약업무는 조약심의관이 관장하여 나는 조약업무에 관한 한 국장과 같은 역할을 하였다. 마침 올림픽이 서울에서 개최되고 전 세계 모든 국가가 참가하는 관계로 국제법에 관한 수요가 많았다.

예컨대 외국 선수가 망명을 신청하는 경우나 불순분자의 테러 같은 것도 미리 상정하고 대책을 세웠는데 관계 부처와의 협조 사항을 미리 검토하여 준비 회의를 하는 등 올림픽의 무탈한 성공을 위하여 바쁜 나날을 보냈다. 나의 이러한 업무 성격상 올림픽조직위원회에서는 모든 올림픽 경기장에 출입할 수 있는 출입증을 나에게 주었지만 바쁜 공무로 인하여 올림픽 경기장에서 한가하게 경기를 관람할 시간이 없었다. 업무상 올림픽경기장을 둘러보는 것도 필요하다고 생각하여 육상경기 100미터 결승전이 개최될 때 한 번 경기를 관람한 적이 있다.

주인도네시아대사관 공사 겸 총영사

조약심의관을 마치고 1990년 주인도네시아대사관 공사 겸 총영사로 발령을 받았다. 주인도네시아대사관은 직원도 많고 훌륭한 공관장인 김재춘 대사를 모시고 즐겁고 보람있게 근무하였다. 인도네시아는 오랜 역사와 다양한 문화를 가진 나라인데 넓은 국토에 자원도 풍부하고 인구도 많아 우리나라와의 관계도 긴밀하여 늘 분주하였다.

우리 교민들도 일찍이 진출하여 사업을 하여 성공한 사람들이 많아 이를 보는 즐거움도 있었다. 그러나 불행한 일도 있었는데, 기억나는 일로는 인도네시아 선박이 우리나라 근해에서 폐유를 무단 방류하여 서해안의 양식업에 큰 피해를 주어 선장은 구금되고 선박은 압류된 사건이 있었다. 인도네시아 당국은 이를 자국에 대한 차별적 조치라고 국민감정을 동원하여 시위대가 대사관으로 몰려와 항의하고 우리나라 국적의 모든 선박에 대하여 입항 금지 및 입항에 필요한 일체의 항만 노동자의 서비스를 거부하는 사건이 발생하였는데 이를 슬기롭게 극복하고 원만히 해결한 바 있다.

그리고 인도네시아에 우리 교민이 많다 보니 우리나라와의 수출입 활동 등에서 본의 아니게 인도네시아의 국내법을 위반하여 구금되는 사례가 있었다. 나는 인도네시아 검찰 총장 등 책임자를 만나 나의 법률 지식을 동원하여 우리 국민의 입장을 변호하고 구금에 따른 인권유린이 있는 경우 즉시 항의하여 이들에 대한 처우 개선 및 조기 석방을 달성한 것은 보람된 기억으로 남아 있다.

또한, 남북한의 유엔 동시 가입에 인도네시아의 호의적인 협조를 이끌어 낸 외교활동을 하였다고 정부에서 훈장을 상신 하라고 하였는데 김재춘 대사는 공사인 내가 받는 것이 좋겠다고 건의하여 정부로부터 홍조근정훈장을 받았다. 공직자로서 정부의 인정과 상훈을 받았다는 점에서 자랑스럽고 영광이라고 생각한다.

인도네시아의 수도 자카르타에는 한인교회가 둘이 있었는데 나는 자카르타한인교회에 출석하면서 신앙생활을 하였다. 다른 한인교회는 한인선교교회였는데 그곳에는 자카르타무역진흥공사(KOTRA) 박용국 지사장이 다니고 있었다. 우리 두 사람은 업무 관계로 자주 만났으며, 크리스천으로 서로 가깝게 지내며 이슬람교도가 압도적으로 많은 인도네시아 각지에서 복음을 전하는 선교사들을 돕자는 데에 의견을 같이하였다. 드디어 선교사들을 위한 기도 모임인 인도네시아선교후원회(인선회)를 만들어 뜻을 같이하는 크리스천들과 함께 매월 정기적으로 선교사를 위한 기도 모임을 가지게 되었다.

인선회가 생겼다는 소식에 선교사들은 기도 제목을 보내오고 또 자카르타에 오는 경우 인선회 모임에 참석하여 선교지 현황과 선교사의 활동 상황을 설명하여 인선회는 선교사들과 인선회원 모두에게 유익한 모임으로 발전하였다. 인선회에 참석하던 크리스천들이 귀국하여 서울에서도 모임을 갖게 되었는데 오늘날까지 매월 박용국 장로(온누리교회)의 댁에서 모여 인도네시아 선교사를 위한 기도와 함께 우리나라에 와 있는 인도네시아 근로자들을 위한 기도를 이어가고 있다.

인선회를 통하여 지난 30년 동안 하나님께서는 많은 놀라운 일을 하셨다. 그중 두드러진 일은 인도네시아 근로자들을 위한 교회를 인천, 안산, 수원, 평택, 음성, 천안에 세운 것과 근로자로 한국에 온 인도네시아 사람이 한국에서 신학을 공부하여 목사가 되어 현재 수원(Rendi 목사), 평택교회(Mazu목사)를 담당하고 있다. 또한, 인선회원 중에도 목사(박관구 목사)가 탄생한 것이다.

주가나 대사

인도네시아 근무 2년 반 만에 뜻밖에 승진하여 주가나공화국

가나 대통령에게 신임장 제정 후(1992. 가나 아크라)

특명전권대사로 발령받았다. 나는 귀국하여 노태우 대통령으로부터 대사 신임장을 받고 재외공관장 회의에 참석한 후 임지인 가나로 향하였다. 가나는 서부 아프리카 지역에 있는 나라로 과거 영국의 지배를 받아 영어를 공용어로 사용하고 있으며 영국식으로 매우 정중하고 화려하게 외국 대사의 신임장제정의식을 하였다. 가나는 민주주의 의식이 높고 영국이나 미국에 유학한 사람이 많아 교육수준이 높으며 2차 대전 후 일찍이 1957년에 독립하였고, 코피아난(Kofi Annan) 유엔사무총장을 배출하였다. 금 매장량이 많아 과거에는 골드코스트라고 불리던 나라인데 지금도 금 수출이 국가 경제에 크게 도움을 주고 있다.

나는 모든 외교관의 꿈인 대사가 되어 가나와의 관계증진, 수출증대, 그곳에 진출한 우리나라 건설 회사 및 수산회사의 활동 지원, 교민들의 권익옹호 등 열심히 외교활동을 하였으며 가나 정부도 우리나라에 대하여 우호적이어서 그곳에서 활동하는 데 어려움이 없었다.

그곳에는 교민들을 위한 교회가 한 군데 있었는데 위치는 수도인 아크라(Accra)가 아니고 교민들이 많은 항구도시 테마(Thema)에 있었다. 나는 교민들이 영사업무를 위하여 주중에 자동차로 30분 거리에 있는 아크라에 오는 수고를 피하기 위하여 일요일에 교회를 갈 때 영사를 데리고 갔다. 이우철 영사는 그때 영사관계 신청서 등 서식 등을 함께 가지고 가서 교회예배가 끝난 후 교민들과 상담 및 각종 신청서 접수 등 영사업무를 하였다. 따라서 자연히 교민들의 편의를 위해 영사가 현장에 찾아가는 순회 영사업무를 평소 교민들이 업무를 쉬는 일요일에 하게 되어 교민들이 매우 좋아하였다.

가나에는 우리나라에서 멀리 떨어져 있고 양국관계도 비교적 많지 않아 찾아오는 사람이 적었는데 내가 근무하는 기간 중에

Rowlings 국가 원수 취임식이 있었다. 취임식을 축하하기 위하여 정부에서는 내무장관을 역임한 안응모 특사가 오셨다. 나는 안 장관님을 모시고 각종 축하행사에 참석하면서 가나에 대한 기본 정보와 우리나라와의 관계 및 현안 문제 등에 관하여 보고를 드리며 가나에 계시는 동안 불편함이 없도록 세심한 주의를 기울였다. 안 장관님은 나에 대하여 좋은 인상을 가지고 귀국하여 정부에 귀국 보고할 때 나에 대하여 매우 후한 평가를 해 주시고 내가 귀국한 후에는 귀국환영회를 베풀어 주셔서 감사했다. 안응모 장관은 순경에서 출발하여 경찰 총수까지 되신 전설적 인물로 나는 지금까지 가까이 지내면서 그의 인품과 성실성, 부지런함 등을 배우려 노력하고 있다.

이렇게 가나에서 공관장으로 열심히 일하던 나는 평소 말라리아 예방약을 먹고, 방 안에 모기장을 치고, 사무실도 모기의 침입을 막도록 하였는데 그만 열대성 말라리아에 걸리고 말았다. 가나를 비롯하여 아프리카에 소재한 국가들은 모두 말라리아가 있고, 과거 식민지시대에는 선진국 사람들이 감염되면 치사율이 높아 어떤 사람은 영국에서 와서 1주일 만에 목숨을 잃은 사람도 있다. 우리 교민들도 과거 말라리아로 희생된 사람들이 적지 않으며 이곳에 와서는 모두 빠짐없이 말라리아 예방약을 먹는다. 우리나라 회사가 지방에서 도로공사를 하고 있어 현장을 방문하고 또 지방정부 지도자들을 만나기 위한 출장도 있었는데 아마 그때 걸린 것이 아닌가 생각한다.

그래도 우리 가족 중에 나만 걸린 것을 다행으로 생각하여 바로 현지인 의사를 찾아갔다. 말라리아는 이미 잘 알려진 병으로 현재 치료방법이 있다. 따라서 의사로부터 주사를 맞고 약을 일주일 정도 먹었더니 점점 상태가 호전되어 그런대로 쉽게 회복되었다. 또 한번은 시내 호텔 수영장에서 수영한 적이 있는데, 눈에 바이러스가 감염되어 오랫동안 고생하였다. 가나에 인도인 안과 의사가 수도에 한 명 있어 진찰 후 처방을 해주며 안약을 넣으라고 하였다. 그런데 점점 눈이 아프고 상태가 나빠져서 의사는 다른 약을 사 넣으라고 하는데 다른 약도 효과가 없었다.

다행히 그때 본부 조약국장으로 귀국하라는 발령을 받고 귀국한 후 서울대학병원에서 치료를 받았다. 망막전문인 이재흥 교수가 망막에 열공이 생겼고 따라서 망막박리 현상이 생겼다고 하여 다음 날 레이저로 망막에 생긴 구멍을 메꾸는 치료를 받았다. 레이저 치료는 그 후에도 두 번 더 받았으며 해외공관 근무를 나가면 먼저 안과 의사를 방문하여 레이저 치료를 받은 오른쪽 눈의 상태를 검사하곤 하였다. 가나에서 생긴 트러블이 완전히 회복되었다는 서울대학병원 담당 의사의 판정을 받는데 꼬박 10년이 걸렸다. 가나에서 눈병이 생긴 후 바로 귀국하지 못하고 계속 가나에 있었다면 아마도 오른쪽 눈은 실명하였을지도 모른다. 그때 가나 근무 1년 반 만에 외무부 조약국장으로 귀국한 것은 하나님의 은혜라고 하지 않을 수 없다.

가나 하면 잊을 수 없는 분이 있는데, 가나에서 AFKO라는 수산회사를 설립하신 김복남 회장이다. 그는 해군에서 예편한 후 원양어선을 타고 가나로 가신 분이며, 내가 가나에 있을 때는 이미 그가 운영하는 회사에 200여 명의 우리나라 사람이 취업하여 일하고 있었다. 그는 수십 척의 원양어선으로 대서양에서 참치를 잡아 냉동시켜 미국의 통조림회사에 수출하고 있었다. 이를 위하여 테마에 냉동창고 회사와 주택 등을 건설하는 건설회사, 그리고 어선에 필요한 어구 등 물품과 우리 선원들을 위한 식료품 등을 수입하는 무역회사, 그리고 가나 정부로부터 농지를 빌려 '새마을 농장'을 만들어 한국에서 농업전문가를 모셔와 가나의 젊은이들에게 선진 한국의 영농법을 가르치고 있었다.

그는 가나에서 얻은 수익을 가나를 위하여 쓴다는 정신으로 가나 학생들을 위한 장학재단도 만들었으며 수도 아크라에 운동경기장을 건설하여 주기도 하였다. 이밖에도 올림픽이 개최될 때마다 가나선수단을 위하여 대표단 전원의 항공료 등 경비를 지원하였으며 1988년 서울올림픽이 개최될 때에는 역시 가나대표단 전원의 서울 왕복 항공료와 체재비를 부담하였고 김복남 회장이 직접 가나선수단의 일원으로 참가하기도 하였다.

그는 선단이 원양에서 참치를 잡은 후 돌아오면 가나 정부 및 의회, 언론 등 각계 인사들에게 싱싱한 생선을 선물하여 민간외교의 일익을 훌륭히 담당하고 있었다. 김 회장의 활동상은 우리나라 TV에서도 다큐멘터리로 방영되었고 가나에서도 잘 알려져 한국의 이미지 제고에 크게 기여하신 분이다. 김복남 회장은 내가 가나를 떠나온 후에도 귀국하는 기회에 서울에서 만나 우정을 나누곤 하였는데 불행히도 그 후 지병으로 인하여 세상을 떠나 지금도 그리운 마음을 금할 수가 없다.

가나에서 만난 분으로 기억나는 사람이 또 있다. 내가 가나에 있을 때 유일한 한인교회인 테마한인교회를 담임하시던 최용순 목사가 바로 그분이다. 그는 내가 1992년 2월에 가나에 부임하였을 때 이미 그곳에 계셨는데 지금도 가나에서 선교사로 활동하고 계신다. 테마한인교회를 사임하신 후에는 가나 전역을 다니시며 복음을 전하시며 교회를 많이 개척하였고 가나에서 30년 이상 선교사로 활동하신 분이다. 수년 전에 일시 귀국하신 기회에 만났는데 얼굴도 아프리카인처럼 까매졌고 좀 야위었다는 생각이 들어 가슴 아팠다. 지금도 서로 소식을 나누고 있으며 최 목사님을 생각만 하여도 은혜가 된다.

외무부 조약국장

나는 법대를 졸업하였고 외무부에서도 국제법규과장, 조약심의관을 역임하여 외무부내 국제법전문가로 자처하면서 조약국장을 하고 싶었는데 드디어 1993년 3월 외무부 조약국장이 되어 귀국하였다. 조약국장은 외무부의 국장이지만 대한민국 정부내에서 국제법 및 조약업무를 총괄하는 책임 있는 자리여서 사명감을 가지고 열심히 일하였다. 외국 정부와의 조약 체결, 사법공조 내지 범죄인 인도협정 체결, 조약 및 국제법 관련 국제회의 참석 내지 우리 대표단 지휘 그리고 유엔 국제법위원회 참석 및 일본, 중국, 러시아, 칠레와의 조약국장회의 그리고 새로운 성문 국제법으로 탄생한 해양법협약의 교섭회의참석 및 이의 시행을 위한 국내법 정비 등 바쁜 나날을 보내며 큰 보람을 느꼈다. 조약국장으로서 처리한 많은 일을 이곳에 다 열거할 수는 없고 몇 가지 기억에 남는 사항을 적어본다.

1) 러시아공관 부지 문제

조선조 말기 러시아는 대한제국과 외교관계를 수립하고 덕수궁 뒤 지금 정동에 공사관을 건축하여 사무실 및 공사를 비롯한 공관원의 숙소로 사용한 바 있다.(당시 우리나라에 와 있던 외교공관에 대사는 없었고 공사가 와 있어 러시아공사관, 일본공사관으로 불렀다.) 러시아 공사관은 고종이 명성황후 시해사건 이후 1년 동안 거주한 소위 아관파천의 현장이다. 그 후 1910년 대한제국은 일본과의 합방조약으로 국권을 일본에 빼앗겨 역사에서 사라졌고 따라서 러시아공사관은 주권국가에 대한 외교공관으로서의 지위를 상실하게 된다.

1945년 8월 광복 후 러시아공사관 건물은 서울에서 개최된 미소 공동위원회 소련대표단이 사용하다가 공동위원회가 결렬되자 소련대표단은 귀국하였고 그 후 6.25 전쟁이 발발하자 러시아공사관의 관리인도 북한으로 가버렸다. 공사관은 전쟁 중 일부가 폭격으로 파괴되었고 탑 부분만 남았는데 공사관 터에 피난민들이 천막 등 가건물을 지어 살고 있었다.

그 후 서울시는 도시 정비 및 도시미관을 고려하여 국내법에 의거 공사관 부지를 수용하였고 그곳에서 살던 사람들을 서울 변두리 지역으로 이주시킨 후 탑이 있는 부분은 근린공원으로 조성하고 나머지 부분은 민간에 매도하여 현재 사유지가 되었다. 1990년 9월 우리나라는 러시아와 외교관계를 수립하였고 양국수도에 대사관이 설치되었다. 러시아는 서울에 임시로 대사관 건물을 임차하여 사용하면서 과거 서울에 있던 공사관 부지를 돌려달라고 요구하게 되었고 양국은 외교교섭을 시작하였다. 이 어려운 외교교섭이 서울과 모스크바에서 계속되었는데 나는 우리 대표단을 지휘하여 오랜 기간이 지난 후에 결국 우리가 원하는 결과를 얻게 되었다.

나는 국제법적으로 러시아 측에 돌려줄 의무가 없다는 이론을 전개하여 결국 러시아 측은 우리의 주장을 받아들여 옛 공사관 부지가 아닌 다른 곳에 대사관을 신축함으로써 이 문제가 타결되었다. 이 쉽지 않은 교섭에 우리 측 대표단장으로 서울과 모스크바를 오가며 성공적인 교섭 활동을 한 외무부 조약국의 최승호 심의관(후일 주 이집트대사역임)의 노고에 감사를 드린다.

2) 한국 내 자유중국 재산권 문제

우리나라는 정부 수립 후 외교 관계를 유지하던 자유중국과의 관계를 종료하고 국제사회의 분위기에 따라 1992년 8월, 중국 대륙을 지배하는 정권인 중화인민공화국과 외교 관계를 수립하였다. 이에 따라 자유중국대사관이 사용하던 소공동 건물은 새로이 외교 관계를 수립한 중국 정부가 차지하고 부산에 있던 자유중국 총영사관도 중국 측으로 넘어갔다. 그리고 서울에 있는 2개소의 화교학교의 외교 관할 문제 및 재산권 처리문제 그리고 외교 관계는 단절되었으나 대만 정부의 이익을 대표하기 위하여 서울에 남아 있는 자유중국 대표부에 대한 국제법적 지위 등 관련 문제를 처리하였다. 그 후 중국 정부와 대만 정부와 계속적으로 원만한 관계를 유지하는 토대를 마련한 것도 보람으로 남는다.

3) 독도 등 영토문제 연구

외무부 조약국은 영토문제에 관한 연구와 대책도 세운다. 이 분야는 우리나라의 국제법학자, 지리학자, 서지학자 등과 함께 연구하는 분야이다. 우리가 관심을 가지는 사항은 독도, 간도 백두산이다. 독도는 역사적으로 지리적으로 국제법적으로 분명한 우리 영토이며 현재 우리나라가 실효적 지배를 하고 있다. 그러나 일본 정부는 독도를 다케시마(竹島)라고 부르며 자국 영토라고 주장한다.

그리고 독도문제 해결을 위하여 국제사법재판소에 회부하자고 한다. 물론 우리 정부는 일본의 주장을 일축하고 있지만 일본은 독도의 영유권을 단념하지 않고 각급 학교 교과서에 포함시켜 교육하며 장래를 획책하고 있다. 따라서 우리는 독도가 우리나라의 영토라는 것을 분명히 하여 일본이 도전을 못하도록 이론을 완벽하게 정립하고 국제사법재판소에 회부되는 경우까지도 대비하여야 한다. 이 문제의 주무부서가 외무부 조약국

(현 외교부 국제법률국)이므로 나는 이 문제에 관하여 특별히 관심을 가지고 준비하였다.

국제법규과 과장 재직 시에 국내외 자료를 수집 관리하는 영토자료실을 만들어 학자들에게 제한적으로 이용하도록 하였으며 국내의 국제법학자, 지리학자 등은 물론 독도문제를 연구하는 학자들의 연구를 지원하였다. 독도문제 연구에는 평생 헌신적으로 이 분야에 연구를 하신 최서면 전 재일한국연구원장의 지원과 가르침이 컸다. 얼마 전에 최서면 원장이 세상을 떠나셨는데 영토문제 연구에 독보적인 인재를 잃었다고 생각한다.

이밖에 간도문제가 있는데 역사적으로 고구려와 발해의 옛 땅인 간도 지역은 우리나라 사람들이 거주하던 우리 땅이다. 1909년 일본이 만주지역 진출을 위하여 청나라 정부에 간도 지역을 내어주는 간도협약을 청나라와 체결하였고 그이후 중국땅이 되었는데 이 문제는 백두산 문제와 함께 통일 후 해결하여야 할 사항이다. 영토문제는 해결하기가 매우 어려운 문제이지만 그렇다고 우리가 포기해서는 안 되는 성격의 사안이라고 생각한다.

주사우디아라비아 대사

조약국장을 마친 후 주사우디아라비아 대사로 영전하였다.

우리 국경일 리셉션 축하 손님인 사우디아라비아 리야드 주지사(1995, 리야드 소재 대사관저)

주사우디아라비아 대사는 과거 정부에서 장관급 인사들이나 외무부에서도 장관을 지낸 사람들이 가던 곳이었는데 예상외로 내가 임명되었다. 주사우디아라비아 대사로 1995년부터 3년을 근무하였는데 사우디아라비아는 석유부국이며 중동지역의 지도적 위치에 있는 국가로서 우리가 자원외교 및 대중동 지역 외교 측면에서 매우 중요한 곳이다. 그리고 우리나라의 건설회사가 많이 진출하여 귀중한 외화를 벌어들여 우리나라의 경제발전에도 크게 기여한 바 있다. 사우디아라비아는 이슬람국가로 정치, 경제, 사회, 문화 각 분야에 코란의 계율과 전통이 그대

사우디아라비아 젯다항을 방문한 우리 해군 함대(1997)

로 적용되는 매우 독특한 나라였다. 국왕은 정치와 종교의 수장으로 절대권력을 가지고 신정정치를 하는 나라로서 크리스천으로 기독교 문화에 익숙한 나에게는 모든 것이 놀랍고 신기할 따름이었다.

몇 가지 예를 들어보자. 사우디아라비아 전 국민은 남자는 흰색, 여자는 검은색 옷을 입으며 예외는 없다. 여자들은 얼굴만 조금 내놓고 전신은 '아바야'라고 부르는 검정 옷을 머리에서 발끝까지 입는데 외교관을 포함한 외국인 여성도 아바야를 반드시 입어야 한다. 따라서 나는 우리나라나 유럽 지역에서

사우디아라비아에서는 외국인 여성도 '아바야'를 입어야 한다(1996).

손님이 오는 경우 여자 손님을 위하여 공항에서부터 입어야 할 아바야를 가지고 공항에 나가곤 하였다. 만약 이를 위반한 경우에는 도처에 있는 '무타와'라고 부르는 종교 경찰의 단속의 대상이 된다. 사우디에는 다른 나라와 달리 없는 것이 많은데 예컨대 외국 관광객이 없으며, 외국 언론의 특파원이 없으며, 기독교 교회도 없으며 따라서 선교사가 없는 나라이다. 이슬람 계율상 술을 만들 수도 사고팔 수도 없는 나라이다. 오직 외국 대사관은 일 년에 한 번만 주류를 수입하여 관저 만찬 등 외교 활동에 사용할 수 있다.

아바야를 입은 아내(1995)

사우디는 남성 우위의 사회이어서 아내의 국내외 여행에는 남편의 허가가 있어야 하며 여성에게는 운전면허도 내주지 않아 남편이나 아들이 운전하여야 한다.(최근에는 여성이 운전할 수 있도록 허용하고 있다는 기사를 읽은 적이 있다. 이곳에 기록하는 사항은 내가 사우디에 근무할 당시의 사우디를 회고하는 내용이며 사우디도 그간 많이 변하였을 것으로 추측된다) 부부가 레스토랑에 가면 밀폐된 방 안에서 음식을 먹어야 하며 음식 서브하는 사람은 모두 남자이며 주문도 남자가 해야 한다. 웨이트리스 개념이 없으며 여성은 여러 사람을 접촉하게 되는 백화점 점원을 할 수 없으므로 화장품이

나 속옷, 귀걸이, 팔찌 같은 여성용품도 남자가 판매한다. 여성의 머리카락을 타인에게 보여서는 안 되는 나라이므로 머리염색약 케이스에 인쇄된 여성의 머리카락을 검은 색깔로 지워 알아보지 못하도록 한다.

타임지나 뉴스위크 같은 외국잡지에 어쩌다가 미니스커트를 입은 여자의 사진이 수록되면 그 페이지를 아예 삭제하고 판매한다. 나라 분위기가 이렇다 보니 평소 여성들이 받는 스트레스가 이만저만이 아니다. 나는 이점을 고려하여 매년 정초에 리야드 국립병원에 간호사로 취업하고 있는 우리나라 간호사 30여 명을 전원 대사관저에 초대하여 한국 음식을 대접하고 이들을 격려하기도 하였다.

현대식 오페라하우스를 건축해 놓고도 오페라 공연을 하지 않으며 일반 음악회나 발레 같은 문화행사를 하는 것을 본 적이 없다. 민속무용단의 공연에 초청받아 가 보았는데 장총을 든 남자들만이 전통적인 몸놀림을 반복적으로 하는 것이 전부였다. 사우디 국민들은 축구를 좋아하며 낙타 경기도 매년 열린다. 그리고 매년 한 번 국제 태권도경기를 하는데 우승팀에 시상을 하여 달라고 해서 간 적이 있다. 그런데 상을 받는 선수가 사우디 사람인 경우 나에게 머리 숙여 인사하는 대신 어깨만 으쓱하여 인사를 대신하였다. 나중에 알고 보니 알라 이

외에는 머리 숙여 인사하지 말라는 가르침을 받은 때문이라고 한다.

종교적으로 엄격한 계율을 지키므로 하루에 다섯 번 기도시간에는 자동차로 여행하다가도 길가에 차를 세워놓고 기도하며 슈퍼마켓에서 영업을 하다가 기도 시간이 되면 손님을 내보내고 문을 닫는데 우리 내외도 레스토랑에서 저녁 식사를 하다가 기도시간이라 나가달라고 하여 당황하였다. 조용히 앉아 있으면 안 되겠냐고 사정하여 문을 밖에서 잠그고 불이 꺼진 레스토랑에서 식탁 위에 조그만 촛불 한 개를 켜놓고 기도 시간이 끝나기를 기다린 적이 있다.

사우디의 경우 타 종교 모임을 금하고 있어 우리 교민들은 인적이 드문 교외, 사막 근처에서 밖에 경비원을 두고 몰래 예배를 드리고 있었다. 미국 사람들은 대사관내에서 미국 사람들만 참석하는 예배를 드리는 것을 보았다. 지금도 살인범이나 여성을 강간한 사람은 공개처형 하는데 큰 칼로 목을 친다고 한다. 따라서 사우디아라비아는 퇴폐적인 외국문화의 유입이 차단되고 코란에 충실한 생활을 하는 관계로 다른 나라에 비하여 범죄가 적으며 교통사고도 많지 않고 남에게 베풀고 도움을 주는 선한 생활을 하여야 알라로부터 상을 받는다고 믿는 사람들이 살고 있는 나라이다. 따라서 사우디 사람들은 기본적으로 단순하고 선한 사람들이어서 사우디아라비아에서 근무한 3년 동안 즐겁고 보람있게 보냈다.

사우디아라비아와 우리나라는 자원외교를 비롯하여 여러 분야에서 관계가 긴밀하여 양국의 각료급 사절단의 왕래도 빈번하였다. 한번은 세계축구연맹(FIFA)의 이사회가 리야드에서 개최되어 각국에서 온 이사 전원을 대사관저에 초청하여 한국 음식을 대접하는 등 한국을 소개하여 2002년에 월드컵 경기를 우리나라에 유치하는 데 일조를 하였다고 생각한다. 그리고 내가 사우디아라비아 재임 중에 걸프지역 공관장 회의가 아랍에미리트(UAE)의 수도 아부다비에서 개최되었다. 외무부에서는 담당국장을 파견하면서 선임 대사인 나로 하여금 회의를 주재하라고 하여 대사관의 조병제 참사관과 함께 아부다비로 출장하여 사우디아라비아, 요르단, 쿠웨이트, 바레인, 카타르, 아랍에미리트, 오만, 예멘, 이란 등 9개국에 있는 우리나라 대사가 참석한 회의를 주재하였는데 보람 있는 기억으로 남아 있다.

매년 서울에서 개최되는 재외공관장 회의 시에는 청와대에서 대통령을 모시고 만찬회가 있다. 100여 명이나 되는 모든 대사가 대통령에게 보고하고 대화를 나눌 기회를 가질 수 없으므로 지역별로 그 지역을 대표하는 대사가 선정되었다. 사우디아라비아의 중요성에 비추어 중동지역을 대표하는 공관장으로 내가 항상 사전에 지명되어 공관장 회의를 하면서도 대통령의 질문 사항에 대한 답변 준비로 골몰하였던 기억이 있다.

경기도 국제관계 자문대사

1998년 5월에 사우디아라비아에서 귀국하여 경기도국제관계 자문대사가 되었다. 정부는 각도의 통상증진, 투자유치 등 대외 협력관계 업무에 관하여 도지사를 자문하는 통상외교전문가가 필요하다는 인식하에 각 도청에 국제관계자문대사를 파견하는 제도가 있어 나는 경기도로 가게 되었다. 그동안 외무부에서 일하였는데 경기도 자문대사가 되어 지방행정을 외교적으로 도와주는 새로운 일에 흥미와 호기심을 가지고 수원에 있는 경기 도청에 부임하였다. 당시 경기도지사는 부총리 겸 경제기획원장관을 역임한 임창열 지사였다. 그는 나의 고등학교 후배가 되는 관계로 특별히 나에게 깍듯이 예우를 하였으며 도청 간부나 일반 직원들도 나를 정중하게 대우하면서 도와주었다.

나는 경기도에 있는 동안 수출진흥사절단을 이끌고 한차례 스웨덴을 방문하였고 또한 임창열 도지사와 함께 투자유치와 경제협력을 목적으로 미국과 일본을 방문하였다. 미국이나 유럽 지역에서 경기도를 방문하는 경제인들에 대한 영접 등 의전에 관한 사항을 살펴보고 필요한 조언을 함으로써 방문이 성공하도록 노력하였다. 임창열 도지사는 영어 실력도 탁월하지만 경제관계 분야에 있어서도 해박한 지식을 가지고 있으며 매우 부지런하여 도청의 실, 국장 등 간부들이 도지사의 업무추진 속도를 따라가려고 고생하는 것을 보았다. 나는 공무원이 임 지사같이 부지런하게 일하면 모두 장관 자리는 차지할 수 있을 것이라고 생각하였다.

나는 도청직원의 채용 시에 영어 회화시험 면접관도 되었으며 또한 시간이 있는 대로 경기도 공무원들의 업무에 유익한 내용을 종합하여 소방청, 과천시, 고양시, 경기도 공무원교육원 등의 공무원들을 대상으로 국제화 시대의 공무원의 자세 등 직무능력 향상에 관한 제목으로 강의도 하였다.

또한 수원시의 심재덕 시장과의 관계를 잊을 수가 없다. 수원시는 매년 정조대왕의 능행행사를 큰 규모로 개최하며 이때 우리나라에 와 있는 외교사절들을 초청하는데 의전문제를 가지고 고심하다 나에게 도움을 요청하여 왔다. 이렇게 시작된 심재덕 시장과의 관계는 경기도자문대사를 마친 후에도 계속 이어져서 심재덕 시장이 국회의원으로 있을 때 추진한 세계화장실협회 창립총회에 자문위원으로 준비 업무를 돕기도 하였다. 처음하는 국제회의인 만큼 가급적 많은 나라의 화장실협회 대표들이 서울총회에 와야 하는데 인도네시아에는 화장실협회가 없다고 하여 심 의원과 함께 인도네시아로 급히 출장 가서 화장실협회를 창설하고 돌아온 일은 잊을 수가 없다.

심재덕 의원은 수원시장 재직 시에 월드컵 축구대회를 수원에서도 개최하는데 월드컵 공동개최국인 일본과 비교하여 우리나라 공중화장실의 환경이 열악한데 착안하여 아름답고 위생적인 화장실 만들기 운동을 시작하였다. 이 일에 성과를 거둔 후 나아가서 세계 각국 특히 후진국의 화장실 개선 작업까지 시작하려고 화장실에 관한 국제회의를 구상하게 된 것이며 나도 그 일에 참여하였다는 데에 보람을 느끼고 있다. 이렇게 하여 개최된 세계화장실협회 창립총회는 2007년 11월 21일부터 25일까지 5일간 서울 코엑스 국제회의장에서 성공적으로 개최되었고 그 후 각국이 돌아가며 회의를 개최하고 있는바, 이 일로 인하여 후진국의 화장실 사정이 많이 개선되었으리라고 믿는다.

주호주 대사

10개월간의 경기도 국제관계자문대사를 마치고 1999년 2월 나는 주오스트레일리아대사로 임명되어 캔버라로 부임하였다. 오스트레일리아는 우리가 호주라고 부르는 대양주에 있는 매우 큰 나라이다. 호주는 한반도의 35배의 면적에 3천만 명이 채 안 되는 인구를 가진 매우 살기 좋고 아름다운 나라이다. 우리나라와는 전통적으로 우방이며 6.25 전쟁이 발발하자 미국 다음으로 재빨리 육군 2개 대대, 해군함정 3척, 공군 1개 전투기 대대 등 총 17,000여 명의 군대를 파견하여 우리를 도운 나라이다. 영국식민지로 있다가 1901년에 독립하였으나 현재 영연방의 일원으로 헌법상 엘리자베스 2세 영국 여왕이 국가원수이며 호주 수도인 캔버라에는 총독이 있어 여왕의 대리인으로 국가를 대표하고 있다. 따라서 나의 대사 신임장의 수신인은 호주의 국가원수인 엘리자베스 2세 여왕으로 되어 있었으며 여왕은 영국 런던에 있는 관계로 신임장은 여왕의 대리인인 호주 연방총독에게 제출하였다.

나는 신임장 제정식을 할 때 여왕을 만날 수 있을까 하였으나 이루어지지 않았는데 1년 후에 국회개원식을 주재하러 호주를 방문한 여왕을 리셉션장에서 직접 만나볼 수 있었다. 수도 캔버라에 있는 국회의사당에서 개최된 여왕 환영 리셉션에는 호주의 정부, 의회, 경제계 등 각계 지도자들과 호주에 있는 각국 대사들이 모두 참석하여 여왕을 개인적으로 만난다는 것은 매우 어려워 보였다. 그때 하워드(Howard) 총리가 여왕을 안내하여 외교단이 도열한 앞을 지나다 나를 보게 되자 여왕에게 한국대사라고 소개하였다. 여왕은 손을 내밀어 나에게 악수를 청하면서 수년 전에 한국을 방문하였는데 매우 즐거운 여행이

호주에서 함께 일한 대사관 식구들(2000. 7. 28)

었다고 하였다. 나는 여왕에게 한국 국민도 여왕 폐하의 한국 방문을 기억하며 영광으로 생각하고 있다고 인사를 하였다. 엘리자베스 여왕과의 만남은 비록 짧은 시간 동안이었으나 나는 호주대사 재임 중의 귀중한 추억으로 간직하고 있다.

입헌군주제를 채택하고 있는 호주는 국정은 총리가 총괄하며 총독은 정치에 간여하지 않고 있다. 공용어는 영어이며 우리 교민들이 많은 데다가 착하고 한국에 친밀감을 갖고 있는 호주인들에 대한 외교활동을 하면서 매우 보람 있고 행복하게 대사

주호주대사관 주최 '한국소개' 행사 후 수고한 부인들과 인사(2001 캔버라)

로서의 업무를 수행할 수 있었다. 호주대사로 재임 중 양국관계에 걸맞게 일도 많아 바쁜 나날을 보냈다.

호주는 영국이 시드니와 타스마니아(Tasmania) 섬을 시작으로 각 지역을 차례로 정복하여 식민지를 만들었음으로 각주는 전통적으로 독립성이 강하여 각 지역의 총독(Governor)을 정점으로 영국식 정부 형태를 갖추고 있다. 따라서 외국 대사는 호주 정부의 대표인 연방총독(Governor-General)에게 신임장을 제정한 후 각주의 총독을 예방하여 신임 인사를 드리는 것이 관례이다. 따라서 나도 시드니가 소재한 New South Wales주를 시작으로

Queensland주(주도는 브리스번), Victoria주(주도는 멜버른), South Australia주(주도는 애들레이드), West Australia주(주도는 퍼스), Tasmania주(주도는 호바트)를 방문하여 총독에게 신임 인사를 하였다.

주총독 예방은 보통 면담과 오찬 혹은 만찬 후 상공회의소나 경제인 단체 등을 방문하여 각주의 경제 분야의 지도자들과 만나 상호 현안이나 관심 사항에 관하여 의견 교환하는 것으로 되어있다. Tasmania주 총독을 방문 시 총독은 우리 부부를 총독의 저택에서 1박 하기를 요청하여 영국의 어느 성(castle)처럼 생긴 고풍스럽고 우아한 저택에서 하룻밤을 보낸 특별한 대접을 받았다. 우리 내외를 환영하는 타스마니아 총독 주최 만찬회는 50명의 남녀가 만찬복을 차려입고 참석한 매우 화려하고 격식을 갖춘 만찬회였다. 만찬 후에는 엘리자베스여왕이 타스마니아를 방문하면 유숙하는 매우 화려한 방에서 우리 내외는 하룻밤을 보냈다.

호주 재임 중 큰 행사로는 1999년 9월에 있은 김대중 대통령 내외분의 국빈 방문이었다. 외교관 근무 중에 우리나라 국가원수를 모신다는 것은 누구에게나 주어지는 기회가 아닌 영광스러운 일이다. 나는 오래전부터 대통령 방문 행사를 정성을 다하여 준비하여 방문 기간 중 모든 일정이 차질없이 계획대로 진행되어 대통령 내외분께서 성공적인 호주 방문을 하신 것을 지금도 하나님께 감사드리고 있다. 이 행사에는 대사관 차석 외교관인 석동연 공사가 준비단계서부터 수고를 많이 했으며 나는 우수한 외교관들과 같이 일하는 것이 행운이라고 생각한다. 다음 해에는 김 대통령 내외분의 호주 방문에 대한 답방으로 하워드(Howard) 호주 총리 내외가 우리나라를 방문하였는데 나는 명예수행을 하기 위하여 아내와 함께 일시 귀국한 바 있다.

다음으로 2000년 9월에 개최된 시드니 올림픽대회가 아직도 기억에 생생하다. 시드니 올림픽에는 우리나라는 선수 284명과 임원 등 390여 명의 대규모 선수단을 파견하고 박지원 문화체육부장관을 비롯하여 국회 대표단 그리고 대한체육회 등 관련 인사들이 다수 방문했다. 이분들의 원활한 활동을 위하여 협조하며, 우리 선수단의 올림픽선수촌 입촌식을 비롯하여 개회식은 물론 우리 선수들이 참가하는 경기에서 선수들을 응원하고 격려하였다. 이미 알려진 대로 남북한선수단은 한반도기를 들고 공동 입장하여 세계 매스컴의 주목을 받았으며 우리 선수들은 그동안 흘린 땀방울이 헛되지 않아 올림픽에서 우리나라는 금 8, 은 10, 동 10으로 종합순위 12위라는 좋은 성적을 낸 바 있다. 나는 올림픽 후 이어서 개최되는 장애인올림픽(Paralympic) 경기도 참관하여 선수들을 격려하여 이들도 좋은 성적을 거두

호주를 방문한 백선엽 장군, 가운데 백선엽 장군, 오른쪽은 참전용사, 크로포드 해군제독 (2001. 캔버라)

고 귀국하였다.

앞에 언급한 바와 같이 한국 동란 중에 호주군이 우리를 도와 같이 공산군과 싸웠다. 우리 정부와 호주 정부는 이들의 전공을 기리는 한국전 참전기념비를 캔버라의 전쟁기념관 앞에 세우기로 하여, 김대중 대통령 내외분의 호주 방문 시 공사 착공 행사를 했으며 1년 후 완공되어 준공행사를 대규모로 가졌다. 이 행사에는 하워드 호주 총리가 참석하였고 국방장관, 육해공군 참모총장, 참전용사회 등 재향군인회 지도자들이 대거 참석하였으며 한국 참전용사 대표로 백선엽 장군이 참석하였다.

호주의 한국전 참전기념비 앞에서(2000. 캔버라)

호주군과 참전용사 및 우리나라에서 온 참전용사들이 보무도 당당히 행진하였는데 도로 양쪽에서 호주 국민들이 환호하는 것을 보면서 한호 양국의 혈맹관계를 다시 한번 확인할 수 있었다. 또한, 호주는 일찍이 우리나라에 선교사를 파송하여 준 고마운 나라이다. 1889년에 우리나라에 온 죠셉 데이비스 선교사(Joseph Davies)를 비롯하여 호주로부터 많은 선교사들이 우리나라에 와서 부산, 마산지역에서 학교와 병원을 세워 우리 민족의 복음화를 위해 헌신하였고 일부는 우리나라에서 세상을 떠나 현재 마산에 있는 선교사 묘지에 묻혀 있다.

국제부인회에서 주최한 한국문화소개 프로그램(2000.7.22. 호주대사관저)

시드니에는 『크리스천 리뷰』라는 월간 잡지가 있는데 사진작가인 권순형 사장이 대표로 있다. 크리스천리뷰는 호주에서 발간되는 유일한 교민 잡지로서 기독교 정신에 바탕을 두고 한인 사회의 화합과 발전을 위하여 많은 기여를 하고 있는 잡지이다. 내가 1999년에 호주대사로 부임한 후 인터뷰 요청이 있었는데 신임대사로서 호주에 있는 우리 동포들에게 인사도 드릴 겸 시드니에 가는 기회를 이용하여 우리 총영사관에서 인터뷰를 하였으며 인터뷰 기사는 1999년 7월호 표지에 사진과 함께 게재된 바 있다. 나는 크리스천리뷰가 내용도 좋고 또한 교민 사회

호주대사관저에서 개최된 한국문화 소개행사(2000.7.22. 호주대사관저)

의 분위기도 알 겸 계속 읽고 있으며 호주를 떠난 후에도 잡지를 계속 보내주어 애독하고 있다. 2020년은 크리스천리뷰 창간 30주년이 되는 해인데 축하하는 메시지를 요청해 와서 보낸 바 있다.

권순형 사장은 외국이라는 어려운 여건하에서도 동분서주하며 필요하면 호주 내 오지나 뉴질랜드, 캄보디아 같은 외국에도 카메라를 메고 달려가는 열정으로 내실 있는 잡지를 만들고 있어 존경하며 개인적으로 가까이 지내고 있다. 권순형 사장은 신앙인으로서 예수의 사랑을 전파하겠다는 사명감이 뛰어난 분이어서 최근에는 캄보디아 프놈펜에 있는 우리나라 의사들이 선교 차원에서 설립한 헤브론병원(원장 김우정, 소아과 의사)의 활동을 다방면으로 돕고 있다.

호주에서 내가 만난 사람으로 한때 한국에서 선교사로 일하다가 노령으로 귀국하여 호주의 연합교회(Uniting Church) 총회에서 수고하시는 브라운(Brown) 목사가 있는데 한국을 사랑하시는 분으로 한국말도 유창하게 하시는 분이다. 평소 교민 사회를 여러 가지로 돕고 계시는 분으로 자연히 나와도 가깝게 지냈다. 브라운 목사는 교회를 담임하지 않는 은퇴 목사이기 때문에 평소에는 호주연합교회 본부의 요청에 따라 담임 목사가 없는 시골 교회를 순방하면서 설교도 하고, 세례식이나, 성찬식도 주재하시는데 한번은 우리 내외가 동행한 바 있다.

호주는 다른 선진국처럼 목사가 되겠다고 신학교에 가는 젊은이의 수가 점점 줄어들어 시골에는 목사가 없는 소규모의 교회가 적지 않다. 브라운 목사님과 우리 내외가 방문한 교회도 캔버라에서 시골길을 세 시간 정도 가는 작은 마을에 있었다. 우리는 토요일 저녁에 도착하여 그날 밤은 작은 모텔에서 자고 다음 날 아침 교회에 갔는데 교인들의 환영이 대단하였다.

예배 시간에 브라운 목사님이 설교하고 나서 나는 간단한 인사를 한 후 찬송가 79장 「주 하나님 지으신 모든 세계」를 한국어로 1절을 부르고 2절은 영어로 불렀다. 예배 후 커피 시간에 호주 교인들이 악수를 청하면서 찬송에 은혜를 받았다고 하면서 감사하다는 말을 되풀이하여 우리는 먼 길 오기를 잘했다는 생각을 하였다. 우리가 교회를 떠날 때 교회를 대표한 분이 시골이라 선물로 드릴 것이 별로 없다고 하면서 그곳에서 생산한 적포도주와 백포도주를 각각 한 병씩을 주었는데 교회에서 포도주를 선물로 받기는 처음이었다. 호주는 마을마다 포도주를 생산하며 식사시간에 음식과 함께 포도주를 마시기 때문에 술보다는 음료라고 생각하는 문화가 있어 교회에서 자연스럽게 포도주를 선물하였고 나도 감사히 받았다.

매년 뉴사우스웨일즈주에 있는 축산 농가들이 소를 잘 키워 그해의 '최고의 소'를 선발하는 행사를 며칠 동안 하는데 마지막 날 시상식에 한국대사를 초청하여 왔다. 아마 우리나라가 호주 쇠고기를 많이 수입하기 때문에 초청한 것으로 생각하고 나도 소를 기르는 환경과 도축시설 등도 볼 겸 아내와 함께 참석하였다. 우리는 낮에는 최고의 우량소로 선정된 소에게 샤시(sash) 같은 우승 띠를 걸쳐주고 사진을 같이 찍는 역할을 하였으며 저녁에는 넓은 연회장에서 시장, 축산협회장, 축산업자 등 수백 명이 참석한 가운데 만찬회에서 나는 주빈으로서 연설을 하였다.

그곳에서 1박 하고 다음 날은 주일이어서 예배드리고 떠나려고 교회를 소개해 달라고 하였다. 나를 안내한 사람은 그곳에 한인교회는 없고 한인 목사님이 담임하고 있는 호주 교회가 한 군데 있다고 하여 우리는 그곳에 가서 목사님께 인사를 하고 예배를 드렸다. 100여 명 되는 교인들이 있었는데 전부 호주사람들이고 한국인은 목사 가족밖에 없었다. 나는 역시 설교시간 후에 교우들 앞에 나가 간단히 인사를 하고 찬송가 79장을 한국어 및 영어, 양국어로 불렀다. 예배 후 목사님 내외분을 점심 식사 대접을 하고 우리는 캔버라로 돌아왔다. 며칠 후 그곳에서 보내온 현지 신문을 보니 한국대사의 방문과 함께 교회에서 독창을 한 것을 사진과 함께 크게 보도하여 그 신문을 지금도 간직하고 있다.

호주에 있는 동안에 즐거운 일, 잊지 못할 일이 많이 있었으나 이곳에 다 기록할 수 없어 아래와 같이 몇 가지 일만 기록에 남긴다.

호주의 한국전 참전용사로서 엘리자베스 여왕으로부터 기사 작위를 받아 'Sir'를 이름 앞에 붙이는 호주재향군인회장을 역임한 Sir William Key 회장과는 호주에 있는 동안 매우 가깝게 지냈으며 그의 가정도 여러 번 방문하였다. 나이가 70대 후반의 나이에도 활동적이며 한국에 관한 일에는 언제나 발 벗고 나서던 그가 병을 얻어 한국전참전기념비 제막식에는 휠체어를 타고 참석하였는데 그 후 얼마 있지 않아 세상을 떠나고 말았다. 호주 정부는 생전의 그의 공로를 기려 연방 총독, 총리 등이 참석하는 장례식을 하였는데 지금도 가끔 생각나는 사람이다. 다음으로 한국전 당시 해군 중위로 참전한 Crawford 제독인데 지금도 기회 있는 대로 서울과 시드니에서 만나며 가깝게 지내고 있다.

또한, Downen 외무통상장관과도 가깝게 지냈는데 그를 대사관저 만찬에 초대하였을 때 장관 자신이 운전하고 옆과 뒷자리에 외무부 차관보와 국장을 태우고 와서 놀란 적이 있다. 우리나라의 경우 한국에 있는 외국 대사관저에 외무부 장관이 직접 차를 운전해서 만찬에 참석하러 가지는 않는다.

지금도 잊을 수 없는 훌륭한 호주인이 있는데 그는 David Green 교수이다. 오래전 내가 외무부 조약심의관 때 호주 타스마니아의 호바트(Hobart)에서 남극생물다양성보존회의가 개최되었는데 수석대표가 되어 수산청직원과 해양 전문가들 3명과 함께 회의에 참석하러 간 적이 있었다. 도착한 다음 날이 주일이어서 호텔 인근에 있는 호주 교회에 예배드리러 가서 Green 교수를 그곳에서 처음 만났다.

그는 타스마니아대학 지구물리학 교수라고 자기소개를 하면서 자기 집에서 우리 대표단 전원을 저녁식사에 초대하고 우리들이 호바트에 있는 동안 관광 안내까지 해 준 고마운 사람이다. 나는 회의 후 귀국할 때 Green 교수 내외를 중국 레스토랑에 초대하여 식사를 대접하면서 그의 친절과 호의에 고마움을 표하였다. 귀국 후 몇 번 편지와 성탄절 카드를 교환하였으나 나의 직업이 임지를 따라 여러 나라를 다니는 관계로 우리는 서로 소식이 끊겼고 아련히 기억 속에서 이름만 남아 있었다.

그런데 내가 10년 후에 호주대사로 가게 되어 나는 타스마니아대학교에 Green 교수의 연락처를 수소문하였던 바 놀랍게도 우리 대사관이 있는 캔버라(Canberra)의 호주국립대학교(Australian National University)에 재직 중이었다. 우리는 감격적인 재회를 하였고 호주대사 재임기간 중 우리는 서로의 집을 왕래하면서 가깝게 지냈다. 내가 호주를 떠나온 후에는 간헐적으로 소식을 교환하여 서로의 소재는 파악하고 있다. 나이를 더 먹기 전에 호주에 가서라도 다시 만나고 싶은 사람이다.

또한, 호주대사로 가서 나의 군대 생활 때 이준학 장군의 전속부관이던 원용석 장로님을 만난 것도 행운에 속한다. 그는 독실한 크리스천으로 우리가 이 장군과 같이 육군본부 소속으로 서울에 있을 때 함께 주일에 교회에도 같이 가고 나를 부하나 하급자로 취급하지 않고 항상 친구처럼 따뜻하게 대해준 사람이다. 그는 소령으로 예편한 후 무역회사에서 일하면서 한때 미국지사에 근무한 적이 있다는 소문은 들었으나 호주에서 만날 줄은 몰랐다.

그는 일찍이 호주에 이주하여 사업을 하면서 멜버른에 있는 한인장로교회의 장로로 있었다. 멜버른에서 가장 큰 한인교회인 그 교회에서 1년에 한 번 한국전 참전용사들과 가족들을 초청하여 함께 예배를 드리고 점심 대접을 하고 선물을 주는 행사가 있었다. 그 행사에는 호주 측에서는 빅토리아주 보훈장관이 참석하고 한국 측을 대표하여 내가 참석하였는데 그곳에서 원 장로님을 만난 것이다. 우리 두 사람은 내가 호주를 떠난 후에도 서로 소식을 전하며 가까이 지내고 있으며 지금은 시드니에 살고 있다. 우리 내외는 2년 전에도 그곳을 방문하여 함께 즐거운 시간을 보낸 적이 있다.

또한, 내가 호주에 있을 때 극동방송 이사장이신 김장환 목사님이 세계침례교총회 총회장으로 선출되어 2000년 1월 호주 멜버른에서 개최된 총회에서 취임식이 있었다. 나는 그곳에 가서 목사님을 뵙고 회의장에서 김대중 대통령이 보내온 축전을 영어로 번역하여 낭독한 것을 지금도 영광으로 생각하고 있다.

한국에서 12년간 선교사로 일한 후 귀국하여 호주 내 목사가 없는 시골교회를 순회하고 있는
존 브라운 목사와 부인 노마 브라운 목사(2001. 7. 3)

주아르헨티나 대사

2001년 8월에 귀국하여 1년 동안 외교안보연구원 연구위원으로 일하다가 2002년 8월 주아르헨티나 대사로 임명되어 부에노스아이레스(Buenos Aires)로 부임하였다. 아르헨티나는 지구 반대편 남미대륙의 최남단에 있는 관계로 우리와 12시간의 시차가 있는 나라이며 서울에서 비행시간도 24시간 소요되는 먼 곳이므로 우리 내외는 가는 도중에 뉴욕에서 잠시 머문 후 부에노스아이레스로 부임하였다.

아르헨티나는 한반도의 12.5배의 넓은 국토에 5천만이 안 되는 인구를 가진 대국인데 농수산물, 축산물과 광물 등 자원도 풍부하여 한때는 세계 6위의 부국이었다. 과거 아르헨티나에 이민 온 사람들은 대부분 이탈리아 사람들이어서 이들은 경제력을 동원하여 이탈리아에서 대리석을 수입하여 아름다운 건축물을 많이 만들어 아르헨티나의 수도 부에노스아이레스를 보면 로마에 온 느낌을 갖게 된다. 부에노스아이레스에는 1857년에 이미 화려한 오페라하우스를 건축하였고 1913년에는 도시 지하철이 개통되었다고 하니 한때 남미에서 가장 부유하고 앞서가는 나라의 면모를 볼 수 있다.

이러한 아르헨티나는 그 후 정치지도자의 분배 우선의 잘못된 정책으로 인하여 점점 경제가 쇠퇴하여 지금은 유엔과 세계

아르헨티나 두알데 대통령에게 신임장 제정 후 환담(2002. 9. 18)

아르헨티나 독립의 영웅 산마르틴 장군 동상 헌화(2002.9. 부에노스아이레스)

여러 나라의 경제 원조를 받는 나라로 전락한 것이 못내 가슴 아프다. 그러나 아르헨티나 국민들은 이탈리아적인 국민성으로 예술을 사랑하며 풍부하고 질 좋은 쇠고기와 포도주, 그리고 탱고 춤을 즐기며 낙천적으로 살고 있다. 아르헨티나 정부도 우리나라에 매우 호의적이고 협조적이어서 나는 즐겁게 대사직을 수행한 바 있다. 특기할 만한 사항은 Ombu 아르헨티나 외무장관과 개인적으로 친근한 관계를 가져 그와 단둘이 오찬을 한 적이 있었다. 그때 나는 우리나라에서 아르헨티나를 방문하는 관광객에 대하여 비자 면제 조치를 해달라고 교섭하여 그는 즉석에서 동의해 주었다. 그 후 실무적인 작업을 하여 우리나라는 현재 아르헨티나를 여행하는데 비자면제국의 지위를 가지고 있다.

아르헨티나는 과거 농업 이민을 시작으로 우리나라 사람들이 많이 건너가 그동안 많은 고생을 하면서 주로 의류를 판매하였다. 이제는 자리가 잡혀 그곳 교민들은 내가 가 본 어느 나라에 있는 교민들보다 경제적으로 잘 살고 있으며 한국교회도 많아 교회를 순방하면서 교민들과 동포애를 나누며 행복한 날들을 보냈다고 기억한다. 우리나라와 먼 거리에 있어 한국에서 오는 사람도 많지 않고 외교적으로 민감한 이슈도 없어서 대통령실과 외무부를 비롯하여 국회, 사법부, 언론계 인사들과의 친분관계를 넓히며 안정적인 외교활동을 하던 중 뜻밖에 귀국 발령을 받았다. 내용은 노무현 대통령의 신정부가 취임한 이후 60세 이상의 외교관은 후배들을 위하여 용퇴하라는 것이었다.

나는 오랜 기간 직업 외교관으로서 활동하였으며 대사직도 남들과 달리 네 번이나 수행하였으므로 명예롭게 외무부를 떠나는 것이 좋으리라고 생각하여 조용히 귀국 준비를 하였고

아르헨티나를 방문한 문희상 대통령 특사(2003)

2003년 6월에 정든 아르헨티나를 떠나 귀국하였다. 아르헨티나에서는 1년 정도 대사로 일하였기 때문에 아쉬움이 컸으나 정부의 정책에 따르는 것이 공직자의 도리라고 생각하여 미련을 버리기로 하였다.

짧은 아르헨티나 재임 중에도 큰 행사가 두 번 있었다. 2006년 동계올림픽을 유치하려고 우리 정부와 체육계는 많은 노력을 하고 있었다. 그때 중남미지역 국가의 올림픽 관련 대표들이 아르헨티나에서 지역회의를 하면서 2006년 동계올림픽 개최 희망국인 한국, 캐나다, 오스트리아 대표들이 와서 올림픽 개최 준비 등에 관하여 설명회를 하라고 하여 우리나라에서는 대규모 대표단이 부에노스아이레스를 방문한 바 있었다. 우리 대표단의 성공적인 유치 활동을 위하여 나는 대표단과 같이 활동하면서 외교적인 지원을 아끼지 않았다.

또 한번은 귀국 준비를 하고 있을 때 아르헨티나 신임대통령 취임식 특사로 문희상 대통령 비서실장 내외분이 방문하였다. 나는 문희상 특사의 내방을 진심으로 환영하여 비서실장 내외분이 아르헨티나에 계시는 동안 즐겁고 편안한 시간을 보내시도록 아내와 함께 최선을 다하였다. 문희상 비서실장은 우리나라 정계에서 차지하는 비중과 대통령 비서실장이라는 현직, 그리고 온화하고 대인관계에 원만한 성격을 가진 분으로 아르헨티나 정부 지도자, 쿠바의 카스트로를 비롯한 각국의 대표들과의 면담 및 각종 연회에 참석하였다. 나도 현지 대사로서 함께 참석하면서 유익한 시간을 보낼 수 있었다.

외무부 퇴직

1968년에 외교관이 되었고 2003년 6월 28일 아르헨티나에서 귀국하여 외무부를 퇴직하였으니 35년간 외교관으로 일한 셈이 된다. 3등 서기관에서 대사까지 그것도 4개국에서 대사직을 수행하였으니 나는 외교관으로 성공하였다고 할 수 있다. 네덜란드에서 아르헨티나에 이르기까지 9개국에서 근무하였는데 한결같이 훌륭한 공관장을 모시고 또한 선배 외교관들과 근무하면서 많은 것을 배웠다고 생각한다.

또한, 내가 공관장으로 일할 때에 어떤 때는 어려운 일도 있었고 외교적으로 예민한 사항을 조심스럽게 처리한 적도 있었으나 나 혼자 한 것이 아니라 하나님께서 유능한 외교관들을 공관원으로 보내주셔서 어려운 일도 어렵지 않게 처리할 수 있었다. 내가 근무한 재외공관에는 직원 간에 인화가 잘 되었으며 내가 공관장으로 있을 때에도 대사관 직원이나 가족들로 인하여 어려움을 겪거나 신경을 쓴 적이 한 번도 없었다. 이 모든 일이 하나님의 은혜라고 믿어 감사드린다.

외무부에서는 나와 함께 그해에 퇴직하는 외교관들을 위하여 윤영관 장관이 2003년 8월 21일 외무부 전 직원들과 함께 외무부 강당에서 퇴임식과 함께 리셉션을 베풀어 주었고 나는 퇴직하는 외교관을 대표하여 장관님과 외무부에 감사하다는 내용의 소감을 말하였다. 그리고 며칠 후에는 한태규 외무부 차관이 간부 몇 명과 함께 롯데호텔에서 나를 위한 송별 오찬회를 주최하면서 그 자리에서 정부가 주는 황조근정훈장을 나에게 전달하였다. 우리나라에 수많은 사람이 공직자로서 일한 후에 때가 되어 퇴직하는데 몇 사람이나 정부로부터 훈장을 받을까 생각하니 개인적인 영광이요, 나라에 감사하지 아니할 수 없었다. 이렇게 나는 35년간 외교관으로 일하고 정든 외무부를 떠났다.

대학강의 및 공직 재임명

호서대학교

외무부를 퇴직한 후 무엇을 할 것인가를 생각해 보기도 전에 천안에 있는 호서대학교로부터 강의 요청을 받았다. 호서대학교 정근모 총장은 장로님이시고 고등학교 선배이기 때문에 평소 가까이 모셨던 분인데 내가 외무부를 퇴직하였다고 전화를 드렸더니 그 자리에서 바로 호서대학교에서 외교관계 강의를 해 달라고 하였다. 나는 35년 동안 직업외교관으로 일하였으므로 외교 분야에 관한 강의는 할 수 있을 것으로 생각하여 강의 제의를 수락하였다.

강의 과목에 관하여 학교 측과 의논하였는데 외교협상에 관한 강의를 희망하면서 아예 강의 제목을 「외교협상의 허구와

진실」로 하는 게 어떻겠느냐고 하여 그 제목으로 강의하기로 하였다. 그동안 국내 여러 대학교에서 특강이란 이름으로 강의를 요청해 와서 전국 각지의 대학에서 강의한 경험은 있으나 대학교에서 교수로서 강의를 하게 되면 강의 내용이 충실하고 수준도 높아야 한다. 따라서 나는 그동안 국내외에서 구입하여 참고하였던 외교협상에 관한 서적을 다시 읽고 필요한 서적을 더 구입하여 강의안을 작성하면서 강의 준비를 하였다.

이화여자대학교 국제대학원

2004년부터는 이대 국제대학원에서 강의를 하게 되었는데, 국제기구에 관한 영어 강의를 요청받았다. 외교관 생활을 오래 하였지만 대학원에서 영어로 강의를 하여 본 적이 없기 때문에 외교안보연구원의 교수이며 평소 가까이 지내던 이서항 교수에게 도움을 요청하였고 이 교수는 '국제기구'(International Organization) 강의를 위한 교재 선정, 강의개요 설명, 주별(週別) 강의계획표 작성 등에 관하여 자상하게 지도를 해 주었다. 영어로 대학원에서 강의하는 것은 확실히 나에게는 하나의 도전이며 흥미로운 일이었다. 25명의 여학생이 내 강의를 들었는데 그중에는 미국서 유학 온 학생도 한 명 있어 나는 영어를 모국어로 하는 미국 사람을 영어로 가르쳤다고 자랑스럽게 말하곤 하였다.

이와 같이 대학원에서 영어로 강의하는 데 문제는 없지만 나 자신이 대학원에 다닌 적이 없어 박사학위는커녕 석사학위도 없는 내가 대학원에서 교수 행세를 하는 것이 마음에 걸렸다. 학사학위 가지고는 안 되겠다고 생각하여 후일 나는 경희대학교 대학원 입학하여 2년 후 드디어 법학 석사학위를 취득하게 되었다. 경희대학교 대학원을 택한 이유는 내가 평소 존경하고 가깝게 지내는 국제법의 대가인 김찬규 교수가 경희대학교에서 강의하고 있고, 그분이 나를 오라고 하여 경희대학교로 간 것이다. 또한, 국제해양법 재판소 판사로 있는 박춘호 교수가 대학원에서 국제법 특히 해양법을 공부하면 국제해양법재판소 등 앞으로의 진로 등을 감안할 때 좋으리라고 하면서 적극적으로 권하여 대학원에 간 것이다.

함경북도 도지사

이대 국제대학원에서 2년 동안 강의를 하던 중 2006년 6월에 뜻밖에 다시 정부의 부름을 받고 함경북도 도지사가 되었다. 우리나라에 있는 실향민들은 한때 1000만 명 가까이 있었는데 이들 중 고령자들은 점차 세상을 떠나게 되어 현재는 약 880만 명 정도가 생존해 계신다. 우리나라 헌법상 북한 미수복지역도 대한민국의 영토이기 때문에 '이북5도에 관한 특별조치법'에 의

거 정부는 행정자치부 산하에 함경북도, 함경남도, 평안북도, 평안남도, 황해도에 정무직 차관급인 도지사를 임명하고 이들로 하여금 각 도의 실향민들의 보호, 지위향상, 호적, 상속 등 민사법 관련사항 그리고 각종 확인업무, 북한지역에 관한 조사, 자료수집, 전통문화 보존 전수, 탈북자의 정착을 위한 교육 및 선도, 취업알선 등 각종 사업을 하는데 함경북도가 원적지이며 고위공직자로서 퇴직한 내가 함경북도 도지사로 임명이 되어 2009년 11월까지 3년 5개월 동안 일하였다.

나는 함경북도 청진이 고향이지만 5살 때 어머니를 따라 월남하였으며 그 이후 줄곧 남한에서 생활하였으므로 실향민이란 의식도 없었고 서울에 함경북도 지사가 있는지도 몰랐다. 그러나 함경북도 지사가 되어 함경북도 사람들과 늘 접촉하고 함경북도 사투리를 들으며 고향에 대한 새로운 인식과 나의 정체성을 다시 생각해 보는 귀중한 경험을 하였다. 함경북도 도지사 산하에는 3개 시와 11개 군이 있으며 시에는 시장, 군에는 군수가 있으며 각, 시군에는 면장, 읍장 등이 임명되어 있다.

그리고 청년회, 새마을운동협의회, 문화예술보존회, 체육회, 서예회, 부녀회, 각종 친목회, 합창단 등 다양한 직능단체가 있으며 국내 각 도, 시에도 이북5도 조직이 있다. 도지사의 업무를 보좌하기 위하여 행정안전부 소속 공무원(서기관)이 사무국장으로 임명되어 있고 그 밑에 행정 담당 직원들이 있으며 도지사 비서실에도 2명의 비서관과 운전기사가 있다. 함경북도 도지사의 업무는 외무부의 업무와 달라 매우 흥미 있고 도전을 받는 일이어서 나는 사명감을 가지고 열심히 일하였다.

함경북도에서도 국제법 지식을 활용하여 각종 회의 시 그 기회를 이용하여 독도 문제, 백두산 경계문제 그리고 서해북방한계선에 관한 특강을 하여 도민들의 인식을 높이도록 하였으며 이와 관련 시장, 군수들과 함께 백두산도 여행하고 백령도도 방문하였다. 특히 백령도로 가는 선상에서 서해 북방한계선에 관하여 설정 경위, 현황 및 과거 북한의 도발 행위를 설명한 것은 특히 기억에 남는다.

특히 최근에 탈북자의 수가 증가하고 있고 함경북도에서 탈북해 온 사람들이 전체 탈북자의 약 80퍼센트나 되므로 하나원을 방문하여 이들의 교육 현황을 살피고 특강을 한 후, 탈북민들과 점심식사를 같이하며 애로사항, 희망사항 청취 등 이야기를 나눈 것도 귀중한 경험이었다.

탈북민들이 한국에서보다 순조로운 정착을 할 수 있도록 이북5도청에서 특별교육을 정기적으로 시행하였으며 이북도민체육대회 등 각종 모임에 초청하여 이미 한국에 정착한 도민들과 서로 어울려 동포애, 향토애를 나누도록 하였다.

해외 이북도민 고국 방문단 환영행사(2008. 청와대)

대한적십자사의 남북이산가족상봉 행사의 성공을 위하여 협력하며 그 일환으로 금강산에서 개최된 남북이산가족상봉 행사장으로 건설한 건물의 준공식에도 참석하였다. 또한, 남북 경제협력사업의 하나인 개성공단도 타 도지사들과 함께 방문하여 공단의 현황, 운영상황 등을 둘러볼 수 있는 귀중한 시간을 가졌다. 이북5도지사들의 협의체로 이북5도위원회가 있는데 위원장은 각 도지사가 1년씩 돌아가면서 맡게 되어 있었다. 내가 위원장이 되었을 때 해외 거주 이북도민 고국 방문단 행사를 주관하여 청와대 방문 시 이명박 대통령이 환영 다과회를 청와대 영빈관에서 베풀었으며 이때 이북5도를 대표하여 참석한 기억이 난다. 도지사로 재직 중 지방 도민회 총회에도 참석하고 각 신문 방송에 인터뷰도 하고 기고도 하였다.

이북도민들은 모두 고향을 떠나온 실향민이므로 서로 끈끈한 인간관계를 유지하며 가깝게 지내고 있다. 도지사를 그만둔 후에도 함경북도 도민들과의 관계를 계속 긴밀히 유지하려고 각종 모임에 가능한 한 참석하고 있다. 해가 갈수록 점점 늙어가고 가깝게 지내던 원로 함북인들이 평소 그리던 고향에 가보지 못하고 북한에 두고 온 부모 형제를 만나지 못한 채 하나둘 세상을 떠나는 것을 볼 때 안타깝고 슬픈 마음을 금할 수가 없다. 남북관계가 개선되어 더 많은 이산가족들이 서로 만나고 고향에도 갈 수 있는 날이 속히 오기를 바란다.

현재 함경북도 도민회에서는 월간 『함북민보』를 발간하고 있다. 나는 함북민보를 도민과 대화하는 수단으로 활용하면 좋겠다고 생각하여 신문에 시사에 관한 내용, 나의 생각, 도민에 대한 제언 등 다양한 내용으로 글을 썼는데 제목이 「도지사 칼럼」이라고 하였다. 과거의 도지사와 달리 도지사가 쓰는 「도지사 칼럼」은 도민들로부터 호평을 받았으며 도지사로 재직한 3년 5개월 동안 꾸준히 게재하였다. 그 내용을 모두 소개할 수 없으나 지금 읽어도 내용이 좋다고 생각되는 것 하나를 이곳에 첨부한다. 우리 생활에 낭비 요소가 많으며 특히 음식쓰레기 문제를 함께 생각해 보자는 내용은 지금 읽어도 유익한 내용이라고 생각한다. 이것이 함북민보에 게재되자 행정자치부에서는 이 내용을 널리 많은 사람들이 읽는 것이 좋겠다고 하여 행정자치부 홈페이지에도 2007년 2월 26일 자로 실린 적이 있다.

송호대학교

함경북도 도지사로 있을 때 알게 된 송호대학교 이근엽 이사장의 요청에 따라 도지사를 퇴임한 후 강원도 횡성에 위치한 송호대학교에서 강의를 하게 되었다. 송호대학교는 전문대학으로 국제법이나 외교학을 가르치는 학과가 없어 처음에는 사양

하였으나 학생들에게 영어 회화를 가르쳐 달라는 이근엽 이사장의 희망을 고려하여 송호대학교 간호학과, 유아교육과 등에서 실용 영어 회화를 가르쳤는데 결론적으로 매우 즐겁고 보람된 시간을 보냈다. 매주 한 번씩 스쿨버스를 타고 강원도 횡성으로 가면서 철 따라 변하는 아름다운 산과 들, 논과 밭을 보면서 행복감을 느꼈다. 간호과 교수들을 비롯하여 총장님과 학교 교직원들이 내가 혹시 불편을 느낄까 봐 신경을 많이 써주는 것이 너무 고마워서 나는 원래 3년 정도 있으리라고 생각하였는데 2010년부터 2014년까지 5년을 재직하게 되었다.

교육 선교의 현장으로

외무부에서 퇴직한 지 벌써 12년이 되고 나이도 70이 넘게 되자 언제까지 '나만을 위한 생활을 할 것인가' 하는 것을 곰곰이 생각하게 되었다. 그동안 하나님으로부터 받은 은혜와 복이 많은데 이제는 삶의 내용을 바꾸어 하나님이 기뻐하시는 삶을 살아야겠다는 생각이 나를 사로잡게 되었다. 따라서 대학교에 사의를 표하고 어렵게 이근엽 이사장의 허락을 받았다. 침례교 장로이신 이근엽 이사장도 하나님 나라의 확장을 위하여 해외 선교 쪽에서 일하겠다는 내 뜻을 이해해 주었다.

나는 앞으로의 삶의 방향을 해외선교에 치중하며 돈을 버는 생활이 아니라 주님이 주신 경제력을 주님이 기뻐하시는 일에 사용하겠다고 결심하였다. 그리고 구체적으로 삶의 내용을 아래와 같이 정하였다.

1) 단순화(symplification): 생활을 단순화하여 내가 사용할 시간을 늘린다.

2) 표준화(standardization): 생활을 정형화(定型化)한다. 즉 규칙적인 생활을 한다. 이것은 건강에도 좋으리라고 본다.

3) 전문화(specialization): 앞으로 나의 관심사는 선교를 포함하여 하나님이 기뻐하시는 일을 전적으로 한다. 사람을 만나도 교회 사람들을 포함하여 신앙생활에 유익한 사람들을 만나며 책을 읽어도 신앙 서적이나 국제법 관련 서적에 한정하여 읽도록 한다. 모임도 영암교회, 극동방송, 시니어선교한국, 외교협회 기독인회, 고등학교 신우회, 이북도민회 예배 등에 중점적으로 참석한다. 그리고 영암교회에서는 영어 성경반을 열심히 인도한다.

대한예수교장로회 대신총회신학교 입학

60여 년 동안 예수를 믿었으나 나의 성경 지식이나 기독교 교리에 대한 이해는 교회 담임목사님의 설교를 듣고 이해하는 수준에서 벗어나지를 못하여 항상 신학적인 지식에 목말라 하였다. 이제 외교관에서 은퇴하고 대학교 강의도 할 만큼 하였으므로 나는 캄보디아 라이프대학에 가서 학생들에게 강의하면서 한편으로 복음을 전해야겠다고 결심하였다.

그리고 이와 관련하여 신학을 좀 더 공부하여 기독교에 대한 폭넓은 지식을 얻고 캄보디아 학생들에게 자신 있게 기독교를 전하는 것이 좋겠다고 생각하였다. 마침 극동방송 운영위원으로 평소 가까이 지내는 염동조 장로가 다니는 신반포교회 김성봉 담임목사님이 대신총회신학교의 교수겸 교무처장이라는 이야기를 듣고 염 장로님의 소개로 김 목사님을 만나서 인사를 드리고, 신학을 공부하려는 목적에 관하여 말씀드렸더니 목사님은 전폭적으로 환영하시면서 입학시험을 보라고 하였다.

그렇게 하여 대신신학교 2014년도 목회학 석사과정(Master of Divinity)에 입학하여 신학생으로서의 새로운 생활을 하게 되었다. 대신신학교 교수들은 많은 분들이 외국에서 공부하고 박사학위를 가진 분들로 강의도 잘하여 나는 새로운 학문을 배우는 기쁨을 가지고 열심히 공부하였다. 과목 중에서 조직신학, 기독론, 기독교사상사, 예배학, 구약신학, 성경해석학은 특히 흥미가 있어 공부하는 재미를 느꼈다. 우리 반에는 15명이 있었는데 모두 신앙심이 좋고 앞으로 목사가 되겠다는 사람들이므로 언행도 일반대학의 학생들과는 현저히 달랐다. 연장자로서 그리고 장로로서 나를 존중해 주고 여러 가지 상의도 하여 나는 보람을 가지고 새로운 학창 생활을 시작하였다.

그런데 1학기를 마치고 나는 캄보디아 라이프대학교로 가게 되어 부득이 학교에 2년 동안 휴학계를 냈다. 캄보디아에 가보니 외국 학생들에게 강의를 하는 즐거움과 학생들에게 복음을 전하는 보람, 그리고 선교지에서 느끼는 특별한 은혜가 있어 나는 2년 예정을 넘겨 5년을 캄보디아에 있게 되었다. 그러다 보니 신학공부도 부득이 중단할 수밖에 없었다.

2019년에 귀국하여 신학교에 가보니 그동안에 대신교단이 백석교단과 합쳐 있었고 신학교도 안양으로 이전하였고 내가 아는 교수들도 다른 학교로 가신 분이 많아 완전히 다른 분위기였다. 그뿐 아니라 나하고 같이 공부하던 친구들은 그동안 졸업하여 전도사가 되어 전국 각지에서 교회를 섬기고 있었다. 나는 어렵게 시작한 신학 공부를 중단하게 되어 못내 아쉬웠으나 하나님의 뜻은 나에게 평신도로서 겸손히 주를 섬기고 외교관의 경험을 살려 해외 선교를 위하여 일하라는 뜻으로 알고 따르기로 하였다.

캄보디아로

나는 외교관 생활 중에 캄보디아에서 근무한 적도 없고 대한적십자사 인도법자문위원으로 일할 때 캄보디아의 적십자사 방문 및 내전 시 매설한 지뢰의 폭발로 팔다리가 잘린 사람들에 대한 국제적십자사의 의수, 의족 보급 활동 및 이들의 재활치

료 현황을 살펴보기 위하여 한 번 방문한 적이 있을 뿐 캄보디아에 대하여는 킬링필드로 유명한 나라라는 좋지 못한 인상을 가지고 있었다.

외국에 나가 선교활동을 하더라도 내가 근무한 적이 있고 언어도 친근한 인도네시아에 가서 선교적 차원의 활동을 하리라고 계획을 하고 있었는데 시니어선교한국 소속 이모작선교 회장인 최철희 선교사를 통하여 당시 일시 귀국 중인 캄보디아 라이프대의 구견회 총장을 만나 현지 실정에 관하여 이야기를 들었다. 특히 라이프대에서 국제경제법을 가르칠 교수가 필요하다는 이야기를 듣고 바로 캄보디아의 시하누크빌에 소재한 라

캄보디아 라이프대학교

이프대학교로 가기로 결정하였다.

"오직 성령이 너희에게 임하시면 너희가 권능을 받고 예루살렘과 온 유대와 사마리아와 땅끝까지 이르러 내 증인이 되리라"

(사도행전 1장 8절)

이 말씀은 예수님께서 승천하시기 전 제자들에게 주신 말씀인데 오늘을 사는 우리들에게도 주신 말씀이라고 생각한다. 따라서 우리 기독교인들에게 가장 중요한 사명은 온 세상에 나가서 예수그리스도의 부활을 전하는 것이라고 하겠다. 나는 이 말씀을 마음에 품고 2014년 10월부터 캄보디아의 시하누크빌(Sihanoukville)에 있는 라이프대학교(Life University)에서 국제경제법을 강의하였다.

라이프대학교는 20년 전에 구견회 선교사가 설립한 종합대학교로서 불교가 국교인 캄보디아 정부가 허가한 최초의 기독교대학이다. 대학 안에는 여러 학과가 있으며 특히 신학과가 있어 장차 주님의 일을 할 젊은이들을 교육하고 있으며 매일 아침 학생들이 참석하는 채플(chapel)을 통하여 기독교 복음을 전하고 있다. 라이프대학교는 현재 영어, 중국어, 한국어, 신학 등을 가르치는 인문대를 비롯하여 경영대, 간호대, 과학기술대, 관광대 등이 있으며 2년 전에는 유아교육과를 신설하였다. 라이프대학교는 전체 학생 수가 600여 명에 불과하지만 장차 캄보디아를 복음화하는데 활약할 인재들이라고 생각하면 적지 않은 숫자다. 나는 라이프대학교를 돕는 것이 교육을 통한 캄보디아 복음화에 참여하는 것이라는 생각을 가지고 무보수로 일하는 즉 자비량 교수로 일하였다.

선교지에는 특별한 은혜가 있음을 경험하며 학생들을 가르치러 캄보디아에 갔지만 도리어 그곳에서 주님께서 내게 주신 은혜를 감사하였다. 아내 이명희 권사도 한국어과에서 강의를 하였는데 우리 두 사람은 일요일에는 시하누크빌에서 자동차로 40분 거리의 시골에 있는 오참나교회(Ochamnah church)를 섬기고 있다. 이 교회는 라이프대 구견회 총장이 신학과 학생들의 실습 및 졸업 후 취업을 위하여 지방 여러 곳에 개척한 28개 교회 중의 하나이다.

캄보디아는 불교가 국교이며 캄보디아인들은 조상 대대로 불교를 믿어 이들에 대한 선교는 시급하지만 캄보디아인들의 민족성이나 종교관, 인생관 등에 비추어볼 때 사실 이들에 대한 선교는 매우 어려운 실정이라고 생각한다. 예컨대 과거 프랑스가 1863년부터 86년 동안 캄보디아를 식민지로 지배하면서 기독교를 전파하였다. 그리고 그 후 미국에서 개신교 선교사들이 96년 전에 캄보디아에 와서 선교활동을 하였지만 현재 인구가 1500만 명인 캄보디아에서 기독교를 믿는 사람은 2%가 안 되는 30만 명이 되지 않고 있다.

따라서 성인을 대상으로 선교하는 것보다는 나이 어린 학생층을 대상으로 선교하는 것이 보다 효과적이며 더 나아가 그보다 어린 유치원생들을 대상으로 선교한다면 그 효과는 더 클 것으로 생각한다. 따라서 우리 내외는 이러한 아이들이 장차 캄보디아의 크리스천 지도자가 되도록 기도하고 있다. 현재 세계 선교의 중점 대상은 4~14세대이다. 즉 4세부터 14세까지의 아동들은 감수성이 예민하고 기독교 복음에 대한 수용성이 높으므로 이들을 대상으로 중점적으로 복음을 전하자는 운동은 매우 효과적이라고 생각된다. 따라서 캄보디아 선교는 이러한 연령층을 대상으로 선교하는 것이 중요하다고 생각된다. 우리 내외가 캄보디아의 오참나교회와 교회 부설 오참나유치원을 돕는 이유도 여기에 있다.

극동방송 운영위원

나는 목사님들을 모두 좋아하지만 특히, 김장환 목사님을 좋아하고 존경한다. 수원이 고향인 김장환 목사님은 6.25 전쟁 때 미군 부대 하우스보이를 하였는데 그의 성실하고 정직한 태도에 감명받은 칼 파워스라는 미군상사가 그를 미국에 유학을 보내어 17살 때 미국 유학을 떠났다. 그곳에서 밥 존스 신학대학교와 대학원을 마치고 목사가 된 후에 같은 대학을 다닌 미국인 트루디 양과 결혼하였고 함께 귀국하여 수원중앙침례교회를 담임하여 교회를 크게 성장시켰다.

교회를 은퇴한 후에는 극동방송 사장을 거쳐 현재 이사장으로 방송을 통한 세계 복음화를 위하여 불철주야 일하고 있다. 나는 미국 시카고에서 영사로 근무할 때 내가 다니던 가나안장로교회에 부흥회를 인도하러 오신 김 목사님을 만나 그의 인격과 신앙심에 매료되어 지금까지 가까이 모시며 그를 본받으려 하고 있다.

김장환 목사님은 배울 점이 참으로 많은 분이나 그중 몇 가지를 적으면 첫째로 겸소하신 분이라 할 수 있다. 그리고 누구에게나 사랑을 베푸시는 분이다. 특히 어려운 일을 당하여 교도소에 수감된 사람들을 직접 찾아가 기도하여 줌으로써 위로하고 격려를 하는 것은 이미 널리 알려진 사실이다.

둘째로 목사님은 매우 부지런하신 분이다. 현재 89세의 고령이시지만 젊은이와 다름없이 일하시고 매주 목요일 아침 6시 30분에 시작되는 극동방송 운영위원회 아침 예배에서 설교하신다. 자택이 있는 수원에서 자동차로 오시려면 아침 몇 시에 일어나실까, 생각해 보면 그저 놀라울 따름이다.

셋째로 목사님은 판단력이 빠르시며 남이 무엇을 부탁하면 할 수 있는 일이면 즉시 행동에 옮기시는 분이다. 나는 극동방송의 운영위원으로 매주 목사님의 설교를 듣고 조찬을 함께하며 남다른 행복을 느끼고 있다. 나는 바람직한 크리스천의 모습은 전 세계에 복음을 전파하는 것이며 방송선교는 매우 효과적인 방법이라고 생각하고 있다. 실제로 북한, 중국, 몽골, 러시아지역에서 극동방송을 청취한 사람들이 수신상태와 신앙간증문을 보내올 때면 우리는 감동을 받으며 보람을 느끼고 있다. 운영위원으로 내가 하는 일은 극동방송의 성장, 발전을 위하여 목사님의 활동을 돕는 것에 불과하지만 하나님께서 이 일을 맡겨주신 것을 감사드리고 있다.

시니어선교한국(Senior Mission Korea) 실행위원

시니어선교한국은 한국교회에 잠재되어 있는 다양한 인적자원인 시니어(50세~80세)들을 일으켜 선교 인력으로 동원 육성하고 총체적 선교사역의 활로를 개척, 지원함으로써 주님의 지상명령의 남은 과업을 이루기 위하여 2007년 7월에 시작된 초교파적 선교단체이다.

처음에는 세계선교를 위하여 중점적으로 활동하였으나 점차 변화해 가는 선교 패러다임을 수용하여 2013년 이후 활동 분야를 크게 4가지 분야로 재정립하였는 바, 그것은 1) 해외선교, 2) 국내이주민선교, 3) 다음세대선교, 4) 북한선교로서 시니어선교한국본부내에 설치한 4개분과 위원회에서 각각 담당하고 있다. 사역프로세스는 크리스천 전문 경력자가 은퇴한 후 외부의 재정지원을 받지 않는 선교사로 해외에서 일하고자 하는 경우 이들을 1년에 2회 개최하는 시니어선교학교에서 소정의 교육을 받게 한다. 선교학교를 수료한 사람은 해외 각지에 있는 선교사들의 요청을 감안하여, 가장 적절한 지역으로 갈 수 있도록 주선하여 시니어선교한국의 선교사로 파송하고 있다.

시니어선교사 파송운동에는 전국적으로 호응도가 커서 현재 대전, 광주(전남), 순천, 여수, 목포, 대구, 전북, 춘천, 천안 등지에 지역선교회가 조직되어 활동하고 있으며 해외에도 우리 교민들이 많은 미국 뉴욕, 뉴저지, 호주, 뉴질랜드 등에 있는 실버선교회와도 유기적인 협력관계를 유지하고 있다. 그동안 해외에 파송한 시니어선교사는 총 160명에 이르고 있으며 이들의 국내에서의 경력에 따라 해외에서 하는 활동도, 한국어교사, 대학에서의 강의, 교회개척, 의료활동, 침술선교, 영상미디어, 문화예술, 농축산, 시설관리, 이미용 봉사 등 다양한 분야에 이르고 있다.

나는 시니어선교한국의 활동에 전적으로 찬동하고 외교관 은퇴 후 하나님께서 맡겨 주신 사명이라고 생각하여 2014년 시니어선교학교를 수료하였다. 영어로 강의할 전문인 교수를 찾고 있는 캄보디아 시하누크빌 소재 라이프대학교 국제경제법 교수로 2015년 봄학기부터 2019년 말까지 일하였다.

귀국 후에는 시니어선교한국본부에서 실행위원으로 시니어선교사 파송업무에 참여하고 있다. 해외선교사로 가는 데에는 일정한 연령 제한이 없으며 선교 활동의 영역도 다양하므로 자신의 전문직에서 은퇴 후 "땅끝까지 복음을 전하라"는 주님의 당부에 따라 건강이 허락하는 한 해외 선교의 현장에 나가고자 하는 신실한 크리스천 시니어들이 많이 시니어선교한국본부의 문을 두드리기를 바라고 있다.

참고로 시니어선교한국의 강의표는 아래와 같다.

주	강의제목
0	시니어를 부르시는 하나님
1	하나님의 나라, 하나님의 선교
	시니어선교한국 소개 & 오리엔테이션
2	코로나 이후 세계선교
3	기독교 영성과 선교
4	타문화에 대한 선교적 접근
5	수련회
6	북한선교 - 1
	북한선교 - 2
7	다음세대선교 - 1
	다음세대선교 - 2
8	보내는 선교, 가는 선교, 받는 선교
9	국내이주민선교(현장탐방)
10	그리스도인의 후반전 삶과 선교
11	선교사 간증 - 1
	선교사 간증 - 2
	수료식

경기도 성남시 분당구 정자일로 1 코오롱트리폴리스 A동 704호
TEL 070-7656-4080 FAX 031-609-1213

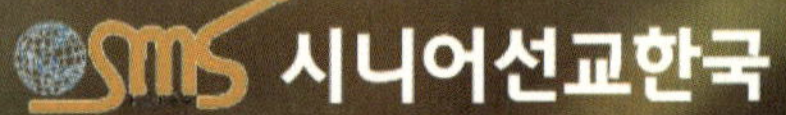

기타 주변 이야기

강의 및 특강

나는 외무부에서 퇴직하고 대학에서 강의를 하였는데 틈틈이 전국 각 대학의 요청으로 학생들을 대상으로 특강을 하였다. 외무부와 외교협회에서도 대학생들에게 외교관의 활동에 대한 이해를 돕고 퇴직한 외교관으로부터 다양한 내용의 강의를 듣는다면 21세기 국제화, 선진화 시대에서 장차 우리나라를 짊어질 대학생들의 세계관 등 안목을 넓히고 유익하리라는 취지에서 적극적으로 이 일을 도와주었다. 대학을 졸업한 지 오래된 나로서도 요즈음 젊은이들과 대화를 나눈다는 것이 매우 유익하였다고 기억된다.

내가 강의한 제목은 「아시아. 태평양 시대의 대양주 외교」, 「

독도 영유권문제 현주소와 해법」, 「세계평화와 국제연합」, 「외교협상과 교섭기술」, 「국제회의 진행기법과 참가요령」 등 외교업무와 관련된 내용도 있으나, 「국제예절」, 「외국문화의 이해와 글로벌 마인드」, 「국제화시대의 지성인의 자세」 같이 일반인이 들어 유익한 내용도 있었다. 내가 특강을 한 대학교는 전국에 걸쳐 있었는데 생각나는 곳은 아래와 같다. 성신여자대학교, 경인여자대학교, 고려대학교, 서울대 경영대학원, 강원대학교, 부산동서대학교, 제천 세명대학교, 인하대학교, 건양대학교, 서경대학교, 서울시 공무원교육원, 아시아 연합신학대학교, 경기도 공무원 교육원(무순) 등이다.

이밖에 함경북도 도지사 시절 함북 소재 시장, 군수 등 15명과 함께 백령도를 1박 2일 방문하고 서해5도 지방 경계태세에 관하여 현지실정을 돌아보는 기회가 있었다. 백령도로 가는 선상에서는 「남북한 간의 북방한계선(NLL) 문제」에 관하여 특강을 한 적이 있다. NLL(Northern Limit Line) 문제는 남북한 간에 이견이 있어 때로는 북한이 군사적으로 도발하는 예민한 문제인데 독자 여러분의 이해를 돕기 위하여 『외교』지 2006. 7월호에 기고한 내용을 부록으로 첨부하였다.

영어 성경공부

시카고 근무기간 중에 무디성경학교(Moody Bible Institute)에서 우연히 성경을 공부하였다. 그때 나는 총영사관에서 자동차로 20분 거리에 있는 그렌뷰(Glenview)라는 곳에서 살고 있었다. 어느 날 아침 출근하면서 우연히 라디오를 들었는데 마침 무디성경학교에서 직장인을 위한 evening class가 오늘 신청이 마감된다고 하는 광고를 듣게 되었다.

100여 년 전에 세계적인 복음 전도자였던 D.L.Moody를 알고 있었지만 그가 설립한 성경학교가 시카고에 있는 것을 처음 알았고 위치도 나의 사무실에서 그리 멀지 않은 곳에 있었다. 평소 성경공부를 하고 싶은 마음이 있던 차라 퇴근 후에 무디성경학교에 가서 등록하고 성경을 배우기 시작하였다.

그곳은 자기가 원하는 성경 등을 선택하여 공부할 수 있어 나는 신약성서 중에서 기독교 교리가 잘 정리되어 있다는 '로마서'부터 강의를 듣고 첫 시간부터 교수의 강의 내용에 매료되었다. 그리고 학생들의 진지한 수업 태도가 마음에 들어 빠지지 않고 열심히 강의를 들었다. 로마서 이외에도 마가복음, 요한복음 같은 복음서와 초기 기독교의 모습을 볼 수 있는 사도행전 그리고 설교방법론 같이 자기의 구상을 다른 사람에게 효과적으로 전달하는 기법에 관하여 강의를 들으면서 좋은 기회를 주신 하나님께 감사드렸다.

그 당시 나는 한인교회인 가나안장로교회에 다녔는데 교회 친구들에게 시카고에 살면서 저녁시간을 활용하여 무디성경학교에 다닐 것을 권면하였다. 그들은 영어 강의를 듣기에는 영어 실력이 부족하기 때문에 내가 강의를 듣고 와서 이를 한국말로 번역하여 가르쳐 달라고 하였다. 듣고 보니 그 말도 일리가 있으며 내가 학교에서 강의를 잘 듣고 필기를 잘해오면 90% 정도 우리말로 옮길 수 있을 것 같다는 생각이 들었다. 이렇게 하여 교우 중 부부 동반 10명을 대상으로 로마서부터 가르치기 시작하였는데 반응이 좋아 시카고를 떠날 때까지 성경 공부를 계속하였다.

이렇게 시작된 성경공부는 내가 귀국하여 영암교회 성가대원들이 성가 연습 전에 하는 경건회 시간에 로마서를 가르치는 것으로 이어졌다. 해외 근무 시에는 인도네시아, 가나에서 한인교회 교인들과 함께 성경공부를 하였으며 지금도 영암교회에서 영어성경 공부반을 인도하고 있다. 이 성경 공부반은 10여 년 전에 대학 영문학 교수였던 김행권 장로가 교회 어린이들에게 영어를 가르치던 것인데 그분이 갑자기 돌아가셔서 교회에서는 나에게 부탁을 하여 맡게 되었다. 나는 영어 문법이나 간단한 동화를 어린이들에게 가르치던 방법을 달리하여 성인들에게 로

마서부터 성경을 가르치되 영어 성경책을 읽고 해석하는 것이 좋겠다고 생각하여 그런 방식으로 하고 있다. 교인들의 반응이 좋아 현재 20여 명이 주일 예배 후 1시간 반 동안 함께 공부하면서 성도의 교제를 하고 있다.

결혼, 주례사

대학교 다닐 때 고시준비에 전념하여 여자친구를 사귀지 못하였다. 당시 영락교회 성가대원으로 봉사하였는데 성가대에는 인물 좋고, 집안 좋고, 신앙 좋은 아가씨들이 있었으나 그저 알고 지내는 정도였지 개인적으로 가깝게 사귄 사람은 없었다.

그러다가 대학교 3학년 때 여대생들과 단체 미팅을 한 적이 있었는데 거기서 이명희 양을 만나게 되었다. 이명희 양은 나의 절친한 친구이며 고등학교와 대학교 동기동창인 유상열 군의 이종사촌 동생이었다. 이 양을 그전에도 우연한 기회로 한 번 만난 적이 있었고 첫인상이 우아한 아름다움을 풍기는 아가씨라고 생각하였다. 그 이후로 다시 만날 기회가 없었는데 이 양을 그룹미팅에서 다시 만난 것이다. 남녀 대학생들 간의 그룹미팅은 매우 즐거웠으며 1년 후 연말에 우리는 다시 같은 사람들과 유사한 미팅을 하였으나 그것뿐이었고 서로 좋은 기억을 가지고 헤어지게 되었다.

그 후 세월이 많이 흘러 내가 군복무 후 제대하고 외무고시에 합격하게 된 후에 유상열은 자기 동생을 만날 생각이 없느냐고 하였다. 평소 좋은 기억을 가진 이명희를 한번 만나기를 바라던 차라 다시 만나게 되었으며 우리는 서로 구면인 사이라 자연스럽게 교제를 하게 되었다. 그녀는 이미 서울여대를 졸업하고 모교의 조교를 거쳐 성신여대에서 조교로 일하고 있었다.

우리는 양가 부모님의 승낙을 얻어 1969년 10월 22일 종로에 있는 태화기독교사회관에서 결혼을 하였다. 사람이 이 세상에서 살아가면서 많은 사람 중에서 꼭 한 사람을 선택하는 일은 결코 쉬운 일이 아닌데 하나님께서는 나에게 꼭 맞는 배우자를 주신 것을 항상 감사하고 있다. 결혼식 주례로는 내가 출석하는 오정감리교회 오지섭 목사님을 모셨다. 오 목사님은 한시에 능통한 한학자이기도 한데 결혼식 주례사를 한시로 작성하여 이를 읽고 풀이를 해 주시는 것으로 주례사를 대신하였다. 명주례사라고 생각하며 지금도 우리 집에서 늘 보면서 그 뜻을 음미하고 있다. 그 내용은 아래와 같다.

祝 華婚

申李兩門賜恩緣(신이양문사은연)
孝憲明姬作百年(효헌명희작백년)
憲遵情統爲一身(헌준정통위일신)
李申團合心亦連(이신단합심역련)
明正壯志千代雄(명정장지천대웅)
姬鑑雅態萬人範(희감아태만인범)
結繩盟約靑山重(결승맹약청산중)
婚情長流永世延(혼정장류영세연)

申·李 두 집안에 좋은 인연 내리셔서
효헌 군과 명희 양이 백년가약 맺었네
사랑을 실마리로 법을 준행하여 한 몸 이루니
李·申의 마음 또한 서로 이어졌도다.
밝고 바른 장한 뜻은 천대에 떨치고
빛같이 아름다운 자태로 뭇사람의 모범이 되어
결승(結繩)의 맹약을 청산같이 중히 여기소서
혼례의 정이 영세(永世)토록 길이 흐르소서.

- 1969. 10. 22, 주례목사 백운당 오지섭 근축

결혼 50주년 기념사진(2019.10.12.)
왼쪽부터 둘째사위 강창수 둘째딸 신정인
맏사위 김대인, 맏딸 신혜인
며느리 한주현, 아들 신성원
신효헌, 이명희

여기서 오지섭 목사님을 특별히 소개하여야 하겠다. 목사님은 슬하에 6남 3녀를 두셨는데 아들 6명이 모두 아버지의 뒤를 이어 목사가 되었다. 세 따님 중 한 분도 목사가 되었으며 나머지 두 따님도 신학교를 졸업하고 전도사가 되어 목사와 결혼하였다. 따라서 그 가정에 아버지 목사님과 아들딸 사위 10명이 모두 목사가 되어 온 가족이 모이면 목사 세미나가 가능하다고 조크를 하신 것을 들은 기억이 난다. 요즈음 자녀를 9명 낳는 사람도 없겠지만 아들 6명, 딸 3명을 모두 신학교로 보낸다는 것도 매우 드문 일이어서 우리나라 감리교 교단에서는 잘 알려진 유명한 집안이다.

나는 결혼식이란 사람이 살아가면서 갖는 가장 엄숙하고 신성한 예식이라고 생각하며 주례는 목사님이나 신부님 같은 성직자들이 맡아야 한다고 생각한다. 따라서 우리 아이들 삼 남매를 결혼시킬 때 모두 목사님을 주례로 모셨다. 내가 나이도 지긋해지고 대사가 된 후에 결혼식 주례를 해 달라는 요청이 더러 있었지만, 그때마다 거절하고 목사님을 주례로 모시라고 말하였다. 그러던 내가 피치 못하여 몇 번 주례를 하였다. 그중의 하나는 주아르헨티나 대사로 있을 때 교민 중 한 분이 아들 결혼식에 주례를 부탁한 것이었다. 나는 위와 같은 이유로 거절하였는데 그분은 교회를 다니지 않고 성당도 다니지 않을뿐

더러 멕시코에서 사업을 하고 있는 관계로 아르헨티나에 주례를 부탁할 만한 사람이 없으니 대사님이 꼭 주례를 맡아 달라고 수차례 간청하는 것이었다. 따라서 그분의 형편을 듣고 보니 주례를 할 수밖에 없다고 생각하여 주례를 서면서 새로 출범하는 새 가정을 축복하여 준 기억이 난다.

또 한번은 함경북도 도지사로 있을 때 도민 중의 한 분이 무남독녀 외딸을 미국 뉴욕에 유학을 보냈는데 그곳에서 알게 된 이탈리아인과 결혼하게 되었다고 하면서 국제결혼인 만큼 한국에서 결혼식을 올리고 이탈리아로 가서 그곳에서 신랑 가족 친척, 친지들을 모시고 결혼식을 다시 할 예정이라고 하였다. 따라서 이번 결혼식에는 신랑 측을 대표하여 신랑의 누님들과 친구가 이탈리아에서 와서 참석하며 이밖에도 한국에 있는 이탈리아인 등 외국인들도 참석할 예정이라고 하면서 가능하면 우리말과 영어로 주례사를 해주면 감사하겠다고 하였다. 나는 이탈리아어는 모르지만, 영어는 할 수 있기 때문에 국제결혼에는 주례로 적임자가 아니겠는가라는 생각을 하여 이를 수락하였다. 아름다운 신부, 신랑과 함께 외국인도 많이 참석한 결혼식에서 주례사를 포함하여 결혼식 모든 순서를 우리말과 영어로 진행하였는데 지금도 기억나는 결혼식이었다.

나는 지금까지 많은 결혼식에 참석하여 주례사를 들었는데 어떤 분은 즐거운 나머지 주례사를 너무 길게 하여 신랑 신부가 잔뜩 긴장하여 서 있는데 과연 내용을 다 기억할 수 있을까 하는 생각이 들었다. 이러한 면에서 극동방송 이사장이신 김장환 목사님이 주례사 시간이 되면 성경 고린도전서 13장을 읽어 주시는 것으로 주례사를 대신하는 것은 매우 간결하고도 수준 높은 주례사라고 생각한다. 고린도전서 13장의 내용은 아래와 같다.

내가 사람의 방언과 천사의 말을 할지라도 사랑이 없으면 소리 나는 구리와 울리는 꽹과리가 되고 내가 예언하는 능이 있어 모든 비밀과 모든 지식을 알고 또 산을 옮길 만한 모든 믿음이 있을지라도 사랑이 없으면 내가 아무것도 아니요. 내가 내게 있는 모든 것으로 구제하고 또 내 몸을 불사르게 내어줄지라도 사랑이 없으면 내게 아무 유익이 없느니라. 사랑은 오래 참고 사랑은 온유하며 투기하는 자가 되지 아니하며 사랑은 자랑하지 아니하며 교만하지 아니하며 무례히 행치 아니하며 자기의 유익을 구치 아니하며 성내지 아니하며 악한 것을 생각지 아니하며 불의를 기뻐하지 아니하며 진리와 함께 기뻐하고 모든 것을 참으며 모든 것을 믿으며 모든 것을 바라며 모든 것을 견디느니라.

사랑은 언제까지든지 떨어지지 아니하나 예언도 폐하고 방언도 그치고 지식도 폐하리라. 우리가 부분적으로 알고 부분적으로 예언하니 온전한 것이 올 때에는 부분적으로 하던 것이 폐하리라. 내가 어렸을 때에는 말하는 것이 어린아이와 같고 깨닫는 것이 어린아이와 같고 생각하는 것이 어린아이와 같다가 장성한 사람이 되어서는 어린아이의 일을 버렸노라. 우리가 이제는 거울로 보는 것 같이 희미하나 그때에는 얼굴과 얼굴을 대하여 볼 것이요 이제는 내가 부분적으로 아나 그때에는 주께서 나를 아신 것같이 내가 온전히 알리라. 그런즉 믿음, 소망, 사랑, 이 세 가지는 항상 있을 것인데 그중에 제일은 사랑이라.

가훈, 좌우명

우리가 학교 다닐 때 교실 전면 벽에 태극기와 함께 교훈이 인쇄된 액자가 걸려 있었던 것이 기억난다. 각급 학교 외에 회사 등 직장에도 사훈이 걸려 있는 것을 보게 된다. 교훈이나 사훈은 학교나 회사가 추구하는 가치나 목적 등을 정하여 조직 구성원들이 그것을 늘 기억하고 실천하도록 하는 것이라 생각한다. 내가 기억하기로는 교훈이나 사훈 등은 친절, 정직, 성실, 근면, 혁신, 증산 같은 내용이 많았다고 기억된다.

나는 그중에서 가장 훌륭하고 의미가 깊은 것으로 경기고등학교 교훈이라고 생각한다. 그것은 1. 자유인(自由人), 2. 문화인(文化人), 3. 평화인(平和人)인데 평생 그 뜻을 되새기면서 나 자신이 자유를 사랑하는 사람, 문화적인 사람, 그리고 평화를 만드는 사람(peace maker)이 되고자 노력하고 있다.

우리 집에도 가훈이 있어 그 내용을 자녀, 손들에게 가르치며 가능하면 장차 대대로 자손들에게 물려주어 행동지침으로 삼는 것이 좋겠다고 생각하여 아래와 같이 가훈을 정하였다.

1. 긍정적 사고(肯定的 思考)
2. 적극적 행동(積極的 行動)
3. 성서적 가치(聖書的 價値)

첫째로, 긍정적 사고란 우리가 생각하는 것에는 모든 것이 긍적적인 면과 부정적인 면을 동시에 가지고 있다. 예컨대 물컵에 물이 반 정도 들어 있는 경우 "물이 있다"라고 할 수 있고 "물이 없다"라고도 할 수 있는데 이왕이면 긍정적으로 생각하자는 것이다. 이것은 나 자신이 늘 생각하고 있는 것으로 내가 만나는 사람들이 모두 좋은 면과 그렇지 않은 면이 있으므로 그 사람의 좋은 면만 보려고 노력하는 것이다. 이것은 나의 좌우명 같은 것도 되는데 만사를 이러한 방식으로 살다보면 나에게도 매우 유익하였다. 남의 장점만 보면서 그것을 배우려는 자세는 인간관계에서도 바람직하다고 생각한다.

둘째로, 적극적 행동이다. 사람마다 성격상 내성적인 사람과 외향적인 사람이 있다. 사고형의 사람과 행동형의 사람이 있는데 모두 장단점이 있다. 나는 어느 편이냐 하면 행동형이라 할 수 있다. 행동하더라도 무조건 행동으로 나서는 것이 아닌 먼저 사고하고, 관찰한 후 결정하고 행동으로 옮기는데 이 경우 매우 적극적이다. 그러나 사람에 따라서는 사고하는 데 오랜 시간을 사용하고 행동에 옮기는 것도 매우 조심스럽고 느린 사람을 보게 된다. 적극적으로 행동에 옮기는 사람이 사회성도 있고 좋다고 본다. 예컨대 처음 사람을 사귈 때도 내 편에서 먼저 손을 내밀고 접근한다. 나는 적극적인 행동을 하는 사람이 더 좋다고 생각하여 가훈으로 정하였다.

셋째로 성서적 가치이다. 나는 기독교의 가르침을 항상 생각하며 따르려고 노력하고 있다. 사회규범이나 법질서를 따르는 것은 비교적 쉬운 일이나 성경에서 가르치는 내용은 범위가 넓고 깊이가 있어 따르기가 쉽지 않다. 예컨대 사회생활을 함에 있어 여자를 보고 음욕을 품어도 이를 행동으로 옮기지 않으면 문제가 없으나 성경은 여자를 보고 음욕을 품은 자는 이미 간음하였다고 하면서 정신의 내면까지 문제로 삼고 있다. 이러한 것은 사람이 따르기에 쉽지 않지만 우리는 성서적 가치를 항상 생각하면서 이를 따르려는 노력을 하는 것은 필요하다고 생각한다.

크리스천으로서 성서가 요구하는 가치, 높은 도덕성 이것을 나와 우리 자녀, 손들이 가지고 살았으면 좋겠다는 마음에서 이것을 가훈으로 정하였다. 동시에 이것은 나의 좌우명이기도

하다. 이밖에도 나는 자기를 낮추는 겸손함, 낭비와 사치를 하지 않는 검소함, 다른 사람에게 인자하게 대하는 온유함을 나의 좌우명으로 평생 실천하려고 노력하고 있다.

자녀들 이야기

이제 회고록을 마치기 전에 가족을 소개하려고 한다. 하나님의 은혜로 딸 둘과 아들 하나, 이렇게 삼 남매를 두었으며 손자 4명, 손녀 4명을 두어 우리 내외까지 모두 모이면 16명이 된다.

큰딸 혜인이는 이화대학교를 졸업한 후 동시통역대학원에 진학하여 통역학박사 학위를 취득하여 현재 대학에서 강의를 하고 있다. 혜인이는 서울대 법대를 나온 김대인과 결혼하였는데 그는 행정법으로 박사학위를 취득하였고 사법고시에도 합격하여 변호사 생활을 하다가 지금은 이화여대 로스쿨 교수로 근무하고 있다. 슬하에 아들 명현과 유현, 딸 세현을 두었다. 둘째 딸 정인이는 연세대 치과대학 동창인 강창수와 결혼하여 딸 다영과 아들 태영을 두었으며 현재 부부가 함께 개업을 한 치과의사이다. 아들 성원은 연세대 정치외교학과를 졸업한 후 외무고시에 합격하여 나의 뒤를 이어 외교관이 되었다. 연세대 음대를 나온 바이올리니스트인 한주현과 결혼하여 슬하에 딸 수민, 지민과 아들 영준을 두었다.

우리 내외는 가족사진을 볼 때마다 하나님께 감사드리고 있으며 또한 우리 식구 16명이 모두 하나님을 섬기는 기독교인으로 살고 있는 것을 감사드리고 있다.

김대인 신혜인 강창수 강다영 강태영 신정인 한주현 신성원
김명현 김유현 김세현 신효헌 이명희 신수민 신영준 신지민

회고록을 마치며

회고록을 쓰면서 나의 걸어온 인생길을 돌아보는 시간을 가졌다. 다른 사람과 마찬가지로 좋은 일, 궂은 일, 기쁜 일, 슬픈 일이 점철된 삶이었으나 어느 것 하나 하나님께서 간여하지 않은 것이 없었다. 따라서 하나님께 감사드리지 않을 수 없다. 진실로 나의 삶은 주의 은혜가 충만한 삶이었다고 고백한다. 이제 내 나이 80살이 지났으나 신앙 좋고, 성격 좋고, 건강한 아내 이명희 권사가 곁에 있으니 그저 감사할 따름이다. 외교관으로 봉직한 후 명예롭게 퇴직하고 그 후 대학교수, 함경북도 도지사로 일하였으나 그 일도 이제는 은퇴하였다.

앞으로 어떻게 살 것인가? 내 건강이 허락하는 한 하나님께서 기뻐하시는 삶을 살고 싶다. 그리고 다른 사람을 사랑하고 본이 되는 삶을 살고 싶다. 내가 살아오면서 첫째로 하나님께서 인도하시고 도우셨고, 둘째로 가족, 친척, 친구들 그리고 많은 사람들로부터 헤아릴 수 없이 많은 사랑을 받았다. 그 사랑에 일일이 다 보답할 수 없겠으나 일부라도 보답하고 싶다. 그리고 그분들에게 보답할 기회가 없으면 다른 사람에게라도 사랑을 베풀고 싶다.

예수님께서 우리에게 새 계명을 주셨는데 그것은 "서로 사랑하라. 내가 너희를 사랑한 것 같이 너희도 서로 사랑하라"(요한복음 13장 34절)이었다. 따라서 사랑이 있는 삶, 주님의 말씀을 따르는 삶을 살고 싶다.

부록

하나님이 기뻐하시는 삶을 살아야죠

(『크리스챤리뷰』 1999. 7월호)

부국이 되려면

(『함북민보』 도지사코너 2007. 2)

남북한 간의 북방한계선(NLL)문제

(『외교지』 2006. 7월호)

복음전파 사명은 은퇴자를 비켜가지 않는다

(『크리스챤리뷰』 2016. 4월호)

■ **인터뷰** 주 호주 대한민국 특명전권대사 신효헌

하나님이 기뻐하시는 삶을 살아야죠

- 크리스챤리뷰 1999. 7월호 글/ 김명동 사진/ 권순형

호주주재 한국 대사로 부임한 신효헌 대사(58세)는 외교관이기 이전에 하나님의 자녀됨을 더욱 자랑스러워한다. 그는 누구보다도 하나님의 은혜에 감사하며 또한 시간이 주어질 때마다 하나님을 증거한다.

하나님의 일이라면 아무리 바쁘더라도 해 드려야지요.

신 대사가 크리스찬리뷰와의 인터뷰에 응한 이유는 단지 이것이었다.

세일즈맨 외교를 펼치겠다

생산성 외교에 힘을 쏟겠다는 신효헌 대사는 21세기를 바라보는 현시점에서 재임기간 중 "세일즈맨 외교를 통해 한 차원 높은 한호양국 관계 발전을 이루겠다"고 포부를 밝혔다.

재외공관이 여덟 번째입니다. 대사로서는 세 번째이고요. 오기 전에는 사우디아라비아에서 일했고 그전에는 아프리카 가나 대사로 근무했어요. 상당히 먼 나라였지요. 한국과 호주는 상호 긴밀한 관계가 있고 또한 특별한 인연이 있지 않습니까? 기독교 선교사를 보내주었고 6.25 때는 군인들을 보내준 나라입니다. 우리 한국과 가까운 나라에 대사로 오게 된 것을 감사하게 생각합니다. 모든 것이 하나님의 은혜이지요.

캔버라한인장로교회에서 간증집회를 가지셨다고요?

예. 사실 외국에 있다 보니까 한국에 가면 많은 사람들이 외국에서의 신앙생활이 궁금들 한가 봐요. 그래서 간증을 해달라고 하면 간증을 해왔습니다. 간증하는 이유는 크리스찬들끼리 서로 받은 은혜를 나누는 것이 아름다운 일이니까요.

그런데 이번 캔버라한인장로교회에서의 간증은 담임목사님도 안 계시고 또 부임 인사도 할 겸해서 집회를 가진 것인데 행여나 내 자랑이 나타날까 봐 될 수 있으면 삼가고 있습니다.

부임하셔서 업무 파악하시랴, 회의 참석하시랴, 인사다니시랴 참 바쁘셨겠습니다. 그동안 지내 오시면서 느낀 점도 한두 가지가 아닐 것입니다.

"호주는 미국과 같은 다민족국가이지만 우리 교민들이 미국에 비하면 주류사회에 정착하기 쉬운 나라가 아닌가 생각했습니다. 그동안 여기저기를 둘러 보았는데 인종적인 어려움 같은 것은 덜하지 않나 생각합니다.

예로 정부의 상당히 중요한 위치에 있는 사람들 중에는 인디언도 있고 동구권에서 온 사람도 있고 중국 사람도 있고 한국 사람도 있어요. 또 높은 지위에 있는 사람들 중에 부인이 중국 사람도 있고 일본 사람도 있고 한국 사람도 있어요. 외교통상부에 가보니까 한국과가 일본과보다 더 커요. 그만큼 한국과 호주는 긴밀한 관계를 가지고 있다는 거지요.

앞으로 호주는 역사가 짧고 외국의 이민을 환영하고 있으니까 교민들의 노력 여하에 따라서 이 나라 중심 속으로 들어가서 중요한 역할을 할 수 있지 않을까 생각합니다.

재임기간 중 중점을 두고 꼭 이루고 싶고 강조하고 싶은 것이 있다면 소개해 주십시오.

아무래도 선임대사들이 이룩해 놓은 기초 위에서 좀 더 한 차원 높은 양국관계 발전을 이룩하는 것이 제가 할 일이 아니겠어요. 사실 한국과 호주는 아시아 태평양 지역에서의 안정과 번영이 양국의 발전에 긴요하다는 공통된 인식을 가지고 있습니다.

평화를 추구하고 경제적으로는 상호 보완적인 경제구조를 가지고 있지요. 호주는 우리가 필요로 하는 철광석이라든가, 석탄 같은 광물자원과 기타 1차 상품을 우리나라에 수출하고 우리나라는 이를 가공해서 호주에 수출하는 서로 보완관계에 있다는 거지요.

그래서 두 나라는 보완성과 유사성을 바탕으로 정규적으로 경제관계회의를 하고 있습니다. 통상장관회의를 연례적으로 개최하고 있고 경제공동위원회, 정치, 군사위원회, 고위정책협의회 등을 개최하면서 양국 간에 대화 채널을 정례화하고 이밖에도 세계적인 차원에서 안보, 군축, 경제, 통상분야에서의 협력을 강화해 나가고 있습니다.

그런데 저는 우리가 경제적으로 어려우니까 우리나라 경제회복에 도움이 되는 경제외교에 힘을 쏟을 것입니다. 생산성 있는 외교를 하자는 것이지요. 올드패션이 아니라 21세기를 바라보는 현시점에서 세일즈맨 외교를 하자는 겁니다.

32년간 외교관 생활

서울법대를 졸업한 후 오직 한길. 32년을 외교관 생활에만 전념해온 신 대사는 온화하고 조용한 성격이라는 게 주위의 귀띔이다. 이런 성격은 업무 추진 스타일에 그대로 배어나고 있다. 또한, 자신만이 할 수 있는 일을 적극적으로 찾아 하고 있다. 상황 파악이 빠른 셈이다.

"사실 김대중 대통령께서도 우리에게 당부하신 것도 대사가 세일즈맨이 되라는 겁니다. 그래서 저는 지난 9일 부임하자마자 먼저 현대자동차와 대우자동차를 수입하여 판매하고 있는 호주 회사로 찾아가 인사를 드렸지요. 내가 대사인데 한국자동차를 수입해 판매하는 것을 고맙게 생각한다. 어려움은 없느냐, 한국자동차 현황은 어떠하며 앞으로 전망은 어떻게 보느냐, 한국대사가 도와줄 일은 없느냐며 격려했습니다.

또 한국 전자제품을 취급하는 하비노만 회사도 찾아갔었지요. 일본대사가 일본 상품을 수입하는 상점을 찾아와 부탁을 하고 미국대사가 대리점을 찾아오느냐 한국대사는 다르다. 대사라고 나와 상관없는 사람으로 생각하지 말고 비지니스에 대사가 필

시드니총영사관에서 본지와 인터뷰 중인 신효헌 대사(왼쪽)와 김명동 편집국장

요하다면 언제든지 이야기 해달라. 광고할 때 내 얼굴이 필요하다면 언제든지 응해 주겠다고 했지요

또한, 한국이 문화민족이라는 것을 알리는 데 주력하려고 합니다. 한국이 문화민족이라는 것을 알릴 때 한국 물건의 힘도 높아질 것이고 한국 관광도 많이 갈 것이 아니겠습니까."

이 대목에서 신 대사는 "우리 민족이 5천 년 동안 단일민족으로서 역사를 이어 온 것은 물론 금세기 들어 6.25 등 숱한 시련을 딛고도 경제발전과 민주화, 선교 기적을 이룩할 수 있었던 것은 시련을 통해 축복을 주시는 하나님의 무한한 사랑이 있었기 때문"이라고 말하고 "현재 우리가 겪고 있는 IMF의 시련도 우리의 자만과 도덕적 해이가 가장 큰 원인"이라고 지적했다.

신 대사는 또 "방심과 나태 속에서 깨어나 새천년을 준비하라는 하나님의 사랑으로 알고 각오를 다져야 할 것"이라고 요청하고 "재임기간 중 호주 투자가들을 개인적으로 만나 한국지역에 적극적으로 투자해 줄 것을 설득하겠다"고 말했다.

최근 북한의 백남수 외교부장이 호주에 와서 외교관계 복구를 강력히 희망해 왔다고 들었습니다. 실제로 북한은 호주와 외교관계 복구를 위해 물밑작업 관계를 넘어서 공개적으로 상당히 분주한 움직임을 보이고 있는 것 같은데요. 호주와 북한과의 외교관계가 재정상화될 가능성에 대해서 대사님은 어떻게 전망하고 계시는지요.

아시다시피 호주는 1974년 위틀람 노동당 정권 당시 북한과 외교관계를 수립했습니다. 그런데 1년 후인 1975년에 북한이 일방적으로 외교관계를 중단하고 대사관을 철수했습니다.

그 이유는 북한이 호주에 대해서 기대했던 바로 호주가 북한을 국제사회에서 지지하지 않는다, 그밖에 사소한 문제를 가지고 일방적으로 외교관계를 중단했던 겁니다.

그랬는데 최근 국제사회에서 호주가 차지하는 비중을 감안해서 다시 호주하고 외교관계를 재개하고 싶다고 여러 채널을 통해서 호주 정부하고 접촉을 시도해 왔습니다. 그런데 우리는 대북한 포용정책에 따라서 북한이 국제사회에서 고립되지 않도록 우방국이 북한과 외교관계를 수립하도록 권장하고 있습니다.

최근에는 팀 피셔 호주연방 부총리가 한국을 방문하여 이 문제에 대해 논의가 있었지요. 그런데 호주는 북한에 대해서 확고한 입장입니다. 북한과의 관계개선을 위하여 논의할 용의가 있다. 그러나 북한이 핵이나 미사일 개발을 포기하고 한국의 대북한포용정책에 호응을 하는 등 국제사회에서 책임 있는 일원으로 행동할 때까지는 북한과의 관계 정상화를 하지 않겠다는 방침입니다.

그래서 호주와 북한과의 관계 정상화는 북한의 노력 여하에 달려 있다고 볼 수 있습니다.

만약 호주와 북한의 외교관계가 정상화되었을 때 한국 측에 미칠 영향은 어떤 거라고 보시는지요.

북한이 핵이나 미사일 개발을 포기하고 책임 있는 국제사회 일원으로서 활동을 한다면 북한이 호주와 외교관계를 수립하는 것은 우리가 원하는 바입니다. 북한을 국제사회에서 고립시키는 것이 우리의 정책이 아니기 때문입니다.

우리가 대북 햇볕정책을 펴는 것은 한반도의 평화와 안정을 위해서 채택하고 있는 정책입니다. 북한이 호주와의 외교관계가 정상화가 된다면 이것은 우리가 추진하고 있는 대북정책하고도 조화되는 것이 아니겠는가 생각하고 있습니다.

어머니의 기도로 예수님 영접

고향이 이북이신 걸로 알고 있는데 언제 월남하셨습니까?

1946년 당시 제 나이 5살이었습니다. 아버지는 월남하시자마자 전염병으로 돌아가셨지요. 결국, 홀어머니 밑에서 우리 4남매가 자라났는데 어머니의 신앙이 참 좋으셨어요. 신앙으로 그 많은 어려움을 이겨내신 겁니다. 이때 감명을 받아 어렸을 때부터 신앙생활을 하게 되었습니다.

그러니까 자연스럽게 예수님을 만나신 거네요.

그렇죠. 그런데 대학교 시절에 신앙에 회의를 갖기 시작했어요. 하나님이 계시면 세상이 왜 이런 꼴인가. 과연 하나님은 지금도 살아계시는가. 그렇다면 왜 침묵하고 계시는가. 이런 식이었지요.

서울법대 시절의 신효헌은 신앙에 대한 별다른 관심 없이 교회에 다니는 어정쩡한 신자였다. 더구나 주일날 교회에 나가는 것이 부담스러워 빠지는 횟수가 늘어만 갔다.

저에게 있어 가장 어려웠던 과거라면 바로 이때였을 겁니다. 대학을 졸업했는데도 취직이 안되는 거예요. 일류 대학이면 무슨 소용이 있느냐며 하나님을 원망했습니다. 결국, 군대를 가게 되었습니다. 사실 전 그때까지도 세상적 체면이 중요했습니다. 다른 사람들같이 큰 목소리로 기도하지도, 울며 간구하지도 못한 저였습니다. 이런 연유로 하나님을 간절히 찾게 되는 계기가 되더군요. 큰 목소리로 찬송하며 불과 같은 성령님을 간구했습니다.

어떤 획기적인 계기나 사건은 없었지만 계속되는 관심과 기도, 묵상 속에서 제 스스로 놀랄 정도로 심령이 변화되는 것을 느꼈습니다. 그것은 어떤 힘에 이끌린 것이라고 표현할 수밖에 없으며 저절로 찬송이 흘러나올 정도로 그리스도의 사랑이 벅차게 다가왔습니다. 이때부터 하나님하고 관계가 정상화된 거죠. 하나님은 제대하는 저에게 외무고시를 보게 하셨고 지금까지 인도해주셨습니다.

이때부터 신 대사는 더 왕성한 활동력으로 앞서가는 신앙인의 모습을 유감없이 보여 주었다. 부임지마다 크리스천으로서 모범적인 행동을 보였고 주일날에는 어김없이 교회에 출석했다.

이렇게 해서 그가 얻은 것은 그리스도 안에서의 자유함과 평안 그리고 기쁨이었다. 그리고 그는 이 풍성한 은혜의 세계를 이웃과 사회에 나누어야 하며 그 사명과 책임은 크리스천에게 있다고 판단했다.

교회 봉사와 선교활동이 최우선이 되어야 하지요. 하지만 좀 더 넓게 생각한다면 사회에서 크리스천이 짊어지고 선도해야 할 몫도 많다고 봅니다. 사회 속에서 공감의 폭을 넓히는 다양한 활동을 전개함으로 모범을 보일 때 이로 인해 선교가 마른 땅에 물이 스며들듯 자연스럽게 이루어질 것입니다.

임옥 목사님이 계시는 영암교회에 출석하셨다고요?

그래요. 1969년부터 다녔는데 해외에서 근무하다 보니까 교회 봉사도 제대로 못하고 한국에 갈 때마다 들리는데 미안한 생각뿐이지요. 왜냐하면, 옛날부터 같이 다녔던 교우들이 지금은 장로가 되고 교회의 중심 멤버가 되었거든요. 귀국하면 찾아가 만나 뵙고 반갑지만, 최근에 들어온 사람들은 저 사람이 누군데 저렇게 야단인가 하고 이상하게 생각하죠. 그런데요, 좀 있다 보면 또 해외로 나가게 되잖아요. 그때마다 환송회를 해주고 또 들어오면 반갑다고 환영회를 해줘요. 그러니 저는 항상 빚만 지고 살아요. 그래서 저는 어디에 있든지 신앙생활을 잘 해야 되겠다고 다짐하게 되지요.

모두 조국과 민족을 위해 기도할 때

대사 일을 하시면서 신앙생활이 생리적으로 부담이 안되시는지 궁금합니다.

사실 외국에 있다 보면 목사님의 꾸준한 지도를 받으면서 생활하기란 어렵지 않습니까? 저 역시 외국생활을 하다 보면 외롭고 고향을 떠난 나그네 같은 심정을 느끼곤 합니다. 그런데 이런 것들로 인해서 하나님에게 더 매달리게 됩니다. 그러니 외교관이라는 것이 신앙생활에는 유익한 직업이지요.

우리는 이 세상 삶 자체가 나그네 생활입니다. 하나님은 아브라함을 갈대아 우르에서 부르셔서 내가 네게 지시한 땅으로 가라 그랬어요. 아브라함은 어디로 가는지도 모르고 하나님이 가라하니까 떠난 거지요.

성령이 있는 신앙 인물들을 보면 한 곳에 있는 것이 아니고 자꾸 움직입니다. 사도바울도 그랬고 사도들도 그랬습니다. 그래서 우리 크리스천 역시 한 곳에 안주해 있는 것보다는 하나님의 인도하심을 따라 나그네 생활하는 것이 축복이라 할 수 있겠지요. 전 어디를 가도 하나님의 은혜로 행복하게 지냈습니다.

어릴 적 꿈도 외교관이었습니까?

정말이지 생각지도 않았어요. 외교관인 사람은 주변에 한 명도 없었고 본 적도 없었지요. 학교 다닐 때 제 목표라면 행정고시를 응시해 일반 행정직으로 군수를 하고 싶었어요. 왜냐하면, 제가 시골에서 살았는데 졸업식이 되면 군수가 와서 상을 주면서 학생들에게 좋은 이야기를 해 주시는데 그것이 퍽 인상적이었거든요. 그런데 하나님께서 외교관으로 인도하신 거지요.

공사다망하실 텐데 책을 보실 시간은 있으신지요

정말이지 공사다망합니다. 그런 와중에 책을 많이 읽으려고 노력하고 있습니다. 역시 외교관 생활을 하려면 많이 알아야 되니까요. 더군다나 외국 사람들과 많은 접촉을 하게 되잖아요.

마지막으로 한인 교포들에게 당부의 말씀이 있으시면 하시지요.

새로운 대사로서 여러분께 인사를 드립니다. 우리가 비록 외국에 있지만, 한국인으로서 자랑스런 문화민족으로서 자부심을 가지고 호주사회에서 열심히 생활하셔서 우리나라 이미지를 좋게 이 나라에 심었으면 합니다.

또 우리나라의 좋은 문화를 호주 사람들이 도입할 수 있도록 민간외교관이라는 생각을 가지고 활동하셨으면 합니다. 항상 여러분 뒤에는 조국이 있다는 것을 생각하시고 조국을 사랑하시고 도와주시고 장래에 대해서 염려해 주시고 한민족으로서 아름다운 미래를 소유할 수 있기를 바랍니다.

부인 이명희 사모와의 사이에 1남 2녀를 두고 있는 신효헌 대사는 이제 모든 크리스천이 조국과 민족을 위해 기도할 때라고 강조한다.

믿음은 평강입니다. 크리스찬에게는 평안과 은혜가 있습니다. 미래에 대한 소망을 우리의 사회에 적용시켜야 합니다. 사회의 안정과 화합을 위해 기도해야 합니다.

그러나 그리스도인의 양심으로 자기에게 맡겨진 일을 최선을 다할 때 이 사회의 부패와 불신을 해소시킬 수 있습니다. 이것이 크리스천의 몫입니다

소원이 있습니까?

"하나님이 기뻐하시는 삶을 살아야죠."

그는 호탕하게 웃었다.

■ **도지사코너** 『함북민보』 2007. 2

부국(富國)이 되려면

사람은 누구나 부자가 되고 싶어 한다. 아마 이 세상에서 부자가 되기를 싫어하는 사람은 없을 것이다. 그런데 부자가 되는 방법은 그리 어렵지 않고 오히려 단순하다. 즉 많이 벌고 적게 쓰면 된다.

고 정주영 회장 등 재벌로 알려진 부자들은 거의 모두 남다른 노력으로 억척스레 돈을 벌면서 한편 돈을 쓰는 데는 엄격하고 절약을 생활화한 사람들로 알려져 있으며 얼마 전 세상을 떠난 최규하 대통령의 서교동 자택에 남긴 30년 된 라디오, 50년 넘게 사용한 선풍기 등 유품을 보면 그가 얼마나 근검절약의 생활을 하였는지 감동을 받게 한다.

국가도 마찬가지이다. 부자나라가 되려면 국민들이 노력하여 많이 벌되 적게 쓰며 낭비하지 않으면 그 나라는 부국(富國)이 될 것이다.

우리나라는 현재 국민소득이 미화로 1만7천 불 정도 되는데 미국, 영국, 불란서, 독일, 일본 등 우리 주변의 선진국들은 이미 3만 불을 넘어 4만 불을 향해가고 있다. 따라서 우리는 선진 부국이 되기 위하여 배전의 노력을 해야 할 실정에 있다. 그러나 우리나라는 다 아는 대로 국토는 작고 자원은 부족한데 인구는 많아 매우 어려운 여건에 있다. 따라서 값싸고 질 좋은 물건을 많이 만들어 수출을 늘려 더욱 많이 벌어들이는 동시에 전 국민이 낭비를 줄이고 근검절약하는 생활을 하여야 하겠다.

그런데 안타깝게도 우리에게는 낭비 요소가 매우 많은 것이 현실이다. 예컨대 우리나라에서 음식을 먹지 않고 버리는 쓰레기는 다른 나라의 유례를 찾아볼 수 없을 정도로 많다. 우리의 대종 수출품인 자동차의 2004년도 수출액이 14조7천억 원인데 같은 기간 1년 동안 우리가 버린 음식 쓰레기는 15조 원에 이른다고 한다.

그뿐만 아니라 1년에 발생하는 음식 쓰레기양은 415만 톤이며 하루에 발생하는 음식물 쓰레기양은 1만1천 397톤으로써

8톤 트럭 1400여 대 분이며 음식물 쓰레기를 처리하는 비용도 1년에 약 1조8천 758억 원이 소요된다고 하니 정말 놀라지 않을 수 없다.

따라서 음식 쓰레기를 줄이는 문제는 매우 시급을 요하는 문제라고 하겠다. 2002년도 통계에 의하면 우리나라의 전체 생활 쓰레기 중에서 음식물 쓰레기가 자치하는 비율이 23% 이상인데 이는 10%에 불과한 미국에 비하면 두 배 이상 되는 매우 많은 양이다.

실제로 우리가 양식이나 일식이나 중국 음식을 먹을 때에는 음식 쓰레기가 많이 나오지 않는 것은 음식의 특성 때문이라고 생각한다. 한식 자체의 음식 특성 이외에도 푸짐한 상차림을 좋아하는 우리의 의식구조와 허례적 접대문화 등 여러 가지가 많은 음식 쓰레기를 만드는 원인이라고 볼 수 있는데 원인이 어떠하든지 간에 위에서 본 바와 같이 매년 음식 쓰레기와 쓰레기를 치우는데 들어가는 돈이 합하여 약 17조 원이 든다고 하니 그냥 둘 일이 아니다. 이것을 모두 없앨 수는 없겠으나 가능한 한 줄여야 하겠다.

우리나라의 음식연구가, 환경전문가, 대학교수들이 음식점의 식단 간소화 등 음식 쓰레기 절감방안을 내놓고 동시에 전국민은 합심하여 우리의 음식문화를 절약, 검소, 실속지향적으로 바꾸는 노력을 하여야 하겠다.

가령 우리가 음식물 쓰레기를 절반으로 줄일 수 있다면 1년에 8조5천억 원을 벌어들이는 것과 같으며 만약 단지 25%만 줄인다고 하더라도 4조2천500억 원이란 큰돈을 버는 셈이 된다. 조상 대대로 내려오는 생활양식을 하루아침에 바꾸기 어렵다 하더라도 시간을 가지고 꾸준히 실천하여 '21세기 잘 살기 운동' 같은 국민운동으로 승화시킬 가치가 있는 일이라고 생각한다.

(『함북민보』 도지사 코너 2007. 2)

■ 동북아정세와 우리의 대응

남북한 간의 북방한계선(NLL) 문제

-『외교』지 78호(2006. 7)

I. 서언

서해상 북방한계선(Northern Limit Line: NLL)은 한국의 관할권 하에 있는 서해5도, 즉 백령도, 대청도, 소청도, 연평도, 우도에서 북한 쪽으로 3해리이며, 북한 관할 육지 사이의 대략 중간선이 되는 선으로 1953년 8월 유엔군사령부에서 설정하여 그 이북으로 한국 순찰선이 들어가지 못하도록 한 해상경계선이다.

서해5도 중 백령도가 가장 커서 면적이 47평방㎞, 인구가 대략 15,000명이며 우도가 제일 작은 섬으로 면적이 0.2평방㎞이

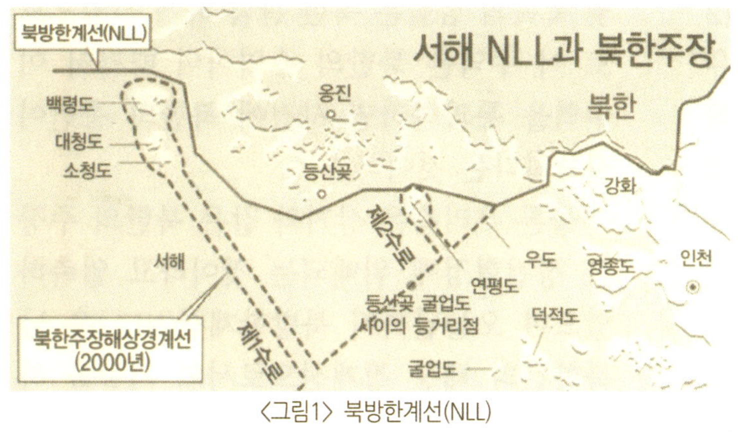

〈그림1〉 북방한계선(NLL)

다.〈표 1〉 이들 도서군과 북한과의 거리는 매우 가까워 백령도는 북한의 장산곶(황해도)에서 17Km 거리에 있어 전략적으로 그리고 경제적으로(꽃게잡이 어장 등) 중요한 해역이라 할 수 있다.

유엔사는 1953년 8월 NLL을 설정한 후 즉시 이를 북한에 통보하였으나 북한은 이에 대해 아무런 이의를 제기하지 않았으며 그 후 20년이 지난 1973년부터 기회가 있을 때마다 북한측은 NLL에 대하여 이의를 제기하여 왔다.

Ⅱ. 북한의 문제 제기

북한는 상기 NLL에 관하여 20년 후인 1973년 12월 1일 제346차 군사정전위원회에서 당시 북한 수석대표인 김풍섭 소장이 '서해5도(백령도, 대청도, 소청도, 연평도, 우도)를 유엔군 사령관의

섬	위치	면적	북한과의 거리
백령도	37° 58′ N, 124° 40′ E	47㎢	장산곶에서 17km 월내도에서 12km
대청도	37° 50′ N, 124° 42′ E	25㎢	하련도에서 19km
소청도	37° 46′ N, 124° 46′ E	6㎢	하련도에서 15km
(대소)연평도	37° 38′ N, 125° 40′ E	7.4㎢	옹진반도에서 12.6km 미력리도에서 4.6km
우도	37° 36′ N, 125° 58′ E	0.2㎢	연안반도에서 9.8km

〈표 1〉 그림 유병화, 동북아지역과 해양법」, P. 239

통제하에 둔다는 것을 인정한다. 그러나 상기 5도로 출입하기 위해서는 우리 바다(북한 영해를 지칭)를 지나가므로 그 출입을 위해서는 사전에 북측의 허가를 받아야 한다'라고 발언하여 NLL 문제를 처음으로 제기하였다. 그리고 1974년 9월 12일에 개최된 군사정전위원회 제354차 본 회의에서도 북한은 한국이 정전협정을 위반하여 자신의 수역을 침범하였다는 등 선전 공세를 취한 바 있다.

이밖에도 1999년 9월 2일에는 '황해도와 경기도의 도계선(道界線)'의 연장선을 기준으로 소위 '조선 서해 해상분계선'을 선포하였으며 2000년 3월 29일에는 '서해 5개 섬 통항질서'라는 것을 발표하여 서해 5개 섬을 3개 구역으로 지정, 각 구역으로 출입하는 2개의 수로를 지정하는 등 NLL 무효화를 위한 책동을 계속하였다.

이 서해5도는 1953년의 정전협정 제2조 제13항(b)[1], 제15, 16항[2]에 의하여 유엔군 관할 하에 있으며 그 주변 해역을 봉쇄할 수 없게 되어 있다. 그럼에도 불구하고 북한이 해역 통항을 위한 사전승인을 요구했던 근거로는 이 5개 섬이 모두 북한 연안의 12해리 이내에 위치하고 있기 때문이라고 생각된다. 다시 말해서, 휴전협정이 성립된 1953년 당시와는 달리 이제는 국제적으로 12해리 영해 폭이 인정되고 있는 사실에 착안하여 그러한 주장을 한 것으로 추측된다.[3]

한편 북한은 1973년 10월과 11월에 북한 경비정이 약 43회에 걸쳐 의도적으로 북방한계선을 침범하였다. 그리고 급기야는 1999년 6월 15일에 서해교전 사태에까지 이르게 되었다. 참고로 북한은 1955년 3월 5일 12해리 영해를 선포하였으며 1977년 6월 21일 200해리 경제수역을 설정, 시행하였으며 또한 1977년 8월 1일 50해리 군사수역을 선포하였다. 따라서 서해 5개 도서군이 있는 수역은 자신의 영해라는 주장을 하고 있는 것이다.

북한이 20년 동안 사실상 서해 해양경계선으로 인정하고 준수하던 NLL 문제를 1973년부터 거론한 것은 아래와 같은 주장에 근거하고 있다.

북한의 주장을 요약하면 (1)정전협정 제2조 13항 (b)에서 양국 군대는 상대방의 후방도서 및 그 수역에서 철수하도록 되어 있는 점 (2)서해 5개 도서군은 유엔군사령부의 관할 하에 둔다고 하였으나 그 주변 수역에 대하여는 아무 규정이 없는 점 (3)서해에서는 황해도와 경기도 경계선 서쪽 및 북쪽의 섬들은 북한 관할 하에 두었으므로 이 수역은 북한의 수역이며 따라서 이수역을 통과하려면 사전에 북한의 승인이 필요하다는 것이다.[4)]

물론 우리 측은 상기와 같은 북한의 주장은 정전협정에 위배되는 것이라고 일축하였으며 오늘날까지 북방한계선(NLL)은 남북한 간의 해상 경계선으로서의 기능을 하고 있다.

Ⅲ. NLL의 법적 지위

1953년 정전협정은 육지에 있어서의 군사대치 상태를 평화유지 차원에서 155마일 군사분계선을 중심으로 양측 각각 2km의 비무장지대를 설정하였으며 비무장지대에서는 양측의 순찰병들은 자위를 위한 경무장(소총, 권총 등) 외에 중무장을 하지 못하게 되어 있으며 도서가 없는 동해의 경우 군사분계선의 자연 연장선을 해상의 휴전선으로 양측이 인정하여 왔다. 다만, 서해의 경우 휴전 당시 우리 측의 관할지역으로 정전협정상 유엔군사령관의 통제하에 두기로 한 서해5도는 군사적 관할권 행사를 위하여 유엔군 사령관이 일방적으로 설정한 것이다. 그러나 NLL은 정전협정상에는 규정되어 있지 않고 유엔군이 일방적으로 설정하기는 하였어도 아래와 같은 점을 고려할 때 법적 정당성을 가진다고 할 수 있다.

(1)NLL 설정은 우리 측 관할 서해 5개 도서를 보호하고 안전하고 계속적인 출입을 보장하기 위하여 택한 필요한 조치이다.

(2)NLL은 상기 5개 도서와 북한 관할 지역과의 해상의 중간선(median line)이라는 점에서 적절한 조치이다.

(3)1953년 8월 휴전 이후 1973년 12월 북한이 최초로 NLL에 대하여 이의를 제기할 때까지 20년간이라는 기간 동안 북한이 남북해상경계선으로 인정하여 준수한 것은 국제법상 묵종(默從, acquiescence)에 해당되어 NLL의 법적 정당성의 근거를 제공하고 있다.

(4)북한은 상기 묵종이 성립되기 위하여 20년이라는 기간은 충분치 않다라고 항변할지 모르나 평시가 아닌 휴전체제라는 특수상황을 고려할 때 20년이라는 기간은 묵종이 성립되기에 충분하다고 인정된다. 이밖에도 북한은 1984년 9월 북한 수해 구호물자 수송 시 우리 측 선박을 NLL 선상에서 만나 호송토

록 하였으며 1988년 1월 우리 측이 한국비행정보구역(KADIZ)을 군사분계선(MDL)과 NLL 기준으로 조정 시 이에 동의한 바 있다.(ICAO 확인)

이러한 것을 고려할 때 NLL은 그동안 정전협정을 보완하기 위한 자체적 조치로서 정전체제의 일부로 기능되어 왔다고 할 수 있다.[5)]

따라서 북한으로서는 NLL 문제에 대한 대항력(opposability)를 가지고 있지 않으며 이를 challenge하는 것은 정전협정체제에 대한 도전이라고 할 수 있다.

Ⅳ. 묵종(默從)과 관습법

북한은 상기 20년의 기간 동안 NLL을 인정하지 않았으며 묵종(默從)하지 않았다고 강변하며 그동안 북한 선박이나 항공기에 의한 NLL 월선 기도를 예시할 수 있겠으나, 묵종하지 않으려면 상기 어선이나 항공기의 우발적이건, 계획적이건 간의 월선기도 사건이 아닌 정전위원회나 북한당국의 공식적인 경로(official channel)를 통한 의사표시가 있어야 한다.

일부 학자는 20년이라는 기간 동안에 북한이 이의를 제기하지 않고 남북한 양측이 상호 준수한 해양경계선으로서 이제는 관습법이 되었다는 이론을 원용하고 있으나 관습법(customary law)이 되려면 아래와 같은 조건이 충족되어야 한다.

첫째, 관행(practice)이 상당 기간 존재하여야 함.

둘째, 법적 신념(legal conviction)이 첨가되어야 함.

NLL의 경우 상기 조건은 충족시켰다고 할 수는 있으나 북한 당국이 NLL을 법적으로 인정하고 준수하려는 법적 신념이 존재하였다고 할 수 있을까 하는 의문이 제기된다. 이밖에도 양자 간의 관습(bilateral custom)이 인정되는 경우에도 관습법의 성립을 주장하려면 관습법을 원용하려는 측에 입증책임(立證責任)이 있으므로 만약 우리가 북한에 대하여 관습법이론을 원용하려면 그 입증책임이 우리 측에 있게 되므로 NLL은 관습법이론으로 설명하는 것은 적절치 않다고 하겠다.

V. NLL에 대한 최근 북한의 태도

2006년 3월 2일과 3월 3일 판문점 북한지역 통일각에서 제3차 남북장성급 군사회담이 개최되었다. 이 회담에서 우리의 남북서해 해군부대 간 직통전화설치, 경의선과 동해선 철도 및 도로의 안전통행을 위한 군사적 보장 합의서 체결, 제2차 국방장관회담개최 문제 등을 의제로 제안한데 대하여 북한은 서해상 충돌방지를 위한 '근원적 조치'를 먼저 합의해야 한다면서

NLL 재조정문제를 들고 나옴으로써 회의는 성과 없이 결렬되고 말았다.

이 회담에서 특기할 만한 사실은 북한의 수석대표인 김영철 중장(남한 소장급)이 "해양법협약을 비롯한 국제법에는 등거리 원칙, 공정성의 원칙, 합의의 원칙, 자연연장의 원칙 등을 비롯하여 해양경계선을 확정하는데 지켜야 할 원칙과 방법이 규제되어있다."라고 발언하였다고 한다. 종래 북한의 꽃게잡이 어장확보 등 경제적 측면을 염두에 두고 NLL 문제를 거론하던 북한이 해양법 협약과 국제법을 거론한 것은 매우 흥미롭다. 북한은 유엔 해양법 협약(United Nations Convention on the Law of the Sea)에 서명하였으나 아직까지 비준하지 않아 협약 당사국이 아니다.

북한은 현재 국제법적으로 인정되지 않는 50마일 군사경계수역(military boundary zone)을 1977년 8월 1일 일방적으로 선포하였는 바, 북한이 NLL과 관련하여 해양법 협약을 원용하기 위해서는 먼저 해양법 협약에 가입하고 이를 성실히 준수하는 태도를 보이는 것이 바람직하다고 하겠다.

VI. 결론

NLL은 정전협정의 일부로써 오랜 기간 남북 양측이 인정하여온 해상경계선으로서 현 단계에서 휴전체제의 일부로 정착되어있다. 따라서 NLL에 변경을 가하려 하는 것은 휴전체제를 손상시키는 중대한 문제라 할 수 있다. 혹자는 1992년 2월 19일 발효된 '남북한 사이의 화해와 불가침 및 교류협력에 관한 합의서'의 제2장 제10조에 '남과 북은 의견대립과 분쟁문제들을 대화와 협상을 통하여 평화적으로 해결한다'는 규정이 있으므로 NLL 재조정 문제를 거론할 수 있다고 하겠으나, 이것은 NLL의 법적 성격에 대한 이해 부족에 기인한다고 할 수 있다.

왜냐하면, NLL은 휴전체제의 일부로써 휴전체제를 전제로 한 것임에 대하여 상기 '남북 사이의 화해와 불가침 및 교류협력에 관한 합의서'는 휴전체제에서 평화정착 상태로 옮겨가기 위한 남북한 간 공동의 노력을 경주할 것을 다짐하는 내용이라는 점에 유의할 필요가 있다.

동 '합의서' 제5조에는 '남과 북은 현정전상태를 남북 사이의 공고한 평화상태로 전환시키기 위하여 공동으로 노력하며 이러한 평화상태가 이룩될 때까지 현 군사정전협정을 준수한다.'라고 되어 있다. 따라서 남북한 간의 공고한 평화상태가 이룩되기 이전에는 휴전체제의 일부인 NLL 문제를 거론할 수 없다는 결론이 나온다.

알려진 바에 의하면 우리 정부는 남북한 국방장관급회담에서 이 문제를 포함한 남북한 간 군사적 충돌방지를 위한 제반 문제를 협의할 수 있다는 입장을 나타냈다고 한다.

언론 보도[6]에 의하면, 정부 당국자는 '절대 NLL 재설정을 전제로 검토하는 것이 아니라 북한이 제의하였으므로 어떤 방안들이 있는지 종합적으로 검토해 보자는 차원이며 NLL 변경을 검토할 경우 국내적으로 엄청난 반발에 직면할 수 있는 것도 감안하지 않을 수 없다.'고 신중한 자세를 보였다고 한다.

해상경계선은 해상 관할 지역의 범위와 관계되는 주요한 사안이다. 다시 말하면 우리의 영해(領海)의 범위를 손대는 것이다. NLL 변경은 휴전체제와도 관련될 뿐만 아니라 우리의 영해의 범위가 변경될지도 모르는 중차대한 문제이므로 신중을 기하겠다는 정부 당국자의 발언은 바로 이 점을 염두에 둔 것이라고 이해된다.

註

1)휴전협정 제2조 13항 (b): 본 휴전협정이 효력을 발생한 후 10일 이내에 상대방의 후방과 해안도서 및 수역으로부터 모든 군대를 철수한다. 상기한 해안도서(coastalislands)」라는 용어는 본 정전협정이 발효시에 일방이 점령하고 있을지라도 1950년 6월 24일에 상대방의 관할 하에 있던 도서를 말한다. 단, 황해도와 경기도의 도계선 북쪽과 서쪽에 있는 도서 중에서 백령도, 대청도, 소청도, 연평도 및 우도는

유엔군 총사령관의 군사관할 하에 남겨두고 그를 제외한 모든 도서는 조선인민군 최고 사령관과 중국인민지원군 사령관의 군사관할 하에 둔다. 한국 서해안에 있어서 상기 경계선 이남에 있는 모든 도서는 유엔군 총사령관의 군사관할 하에 남겨둔다.

2)(제15항) This Armistice Agreement shall apply to all opposing naval forces, which naval forces shall respect the waters continuous to the Demilitarized Zone and to the land area of Korea under the Military control of the opposing side, and shall not engage in the blockade of any kind of Korea,
(제16항) This Armistice Agreement shall apply to all opposing air forces, which air forces shall respect the air space over the Demilitarized Zone and over the area of Korea under the Military control of the opposing side, and over the waters continuous to both.
3)박춘호, 북한의 해양법문제, 북한법률행정 논총 제6집(1984)
4)군사정전위원회 제346차 본회의 결과보고서, 1973년 12월 1일
5)국방부 자료 "서해 NLL 관련 대책",(2003. 3)
6)조선일보, 2006년 3월 10일자 1면

■ **인터뷰** 행복한 은퇴자 신효헌 전 호주대사

복음 전파 사명은 은퇴자를 비켜 가지 않는다

『크리스챤리뷰』 2016. 74호 글/ 김석원 · 사진/ 권순형

한국교회가 너무 늙어버렸다. 한국의 중대형 교회 예배를 가보면 흑돌이 밀리는 바둑판 같다. 사역 중심세대의 연령대도 높아져만 가고 있다. 그러나 세상처럼 교회도 65세만 넘기면 은퇴를 강요한다. 그렇다면 현실 교회의 주력이 되어가는 노인층을 어떻게 활용해야 할까? 도리어 발등에 불이 떨어진 교회보다는 노년층 당사자들 속에서 대안이 제시되는 형편이다.

여전히 '대사'로 불리기를 더 좋아하는 신효헌 전 함경북도 도지사가 시드니로 돌아왔다. 현재 캄보디아 시아누크빌에 있는 라이프대학에서 2년간 시니어 교육선교사로 가 있지만, 남편

옆에서 외지 생활로 고생하는 아내를 위해 방학을 맞아 호주를 찾았다.

그래도 쉬는 것이 여전히 안 맞는 옷 같은 모양이다. 시드니에서도 자신의 사역을 소개하고, 집회 간증자로 일정이 빡빡했다. 과거 휘하에 있었던 이휘진 총영사와의 인연으로 총영사 관저에 묵으면서 쉴 틈 없는 일정 중에 인터뷰를 가졌다. 이를 통해, 시니어 선교, 교회 노인 문제, 그리고 탈북자 선교에 대한 그의 혜안을 들어본다.

라이프대학에서 자비량 선교사로 헌신하고 있는 전 호주대사 신효헌 교수.

시니어선교한국과 이모작선교회

'시니어선교한국' 시드니지부(시니어선교시드니) **조직을 위해 오셨다고 하는데…?**

아내에게 휴가를 주려고 온 건데, 선교본부에서 부탁을 해서 겸사 이야기를 하게 되었다. 시니어선교한국은 최근에 생긴 단체로 이시영 전 유엔대사가 대표이며, 이종훈 선교사가 상임총무로 실무를 담당하고 있다. 나 같은 은퇴자 중에서 건강하고 선교 열정이 있고 가족부양의 책임이 없고 자비량이 되는 사람을 찾아 해외 선교사들과 연결해 파송하는 단체다.

내 경우에는 멀리 못 갈 것 같다고 상담하니 캄보디아에 국제법 관련 교수 자리를 연결해 주었고, 필요한 서류와 내용들을 다 챙겨주었다. 10주간 훈련을 받았는데, 지금까지 24명 정도가 파송되었다. 조직은 한국내 여러 지방에 지부가 있고 해외에는 미주지부가 있으며 각자 독립적으로 활동하지만, 훈련 등에서는 서로 협력한다.

선교지 현장을 볼 때 호주 같은 영어권 출신들이 더 유용하기 때문에 호주에서도 팀이 만들어졌으면 하는 바람으로 여러 분들과 이야기를 나눴다.

전문직 배경이 아닌 평범한 은퇴자들도 가능한 일인가?

하나님 나라 확장을 위해 일할 분이면 어떤 직종이든 가능하다. 각기 다른 재능과 선교현장을 이어주는 곳은 시니어선교한국내 이모작선교회를 통해 이루어진다. 이곳 대표 최철희 선교사는 평소 해외한인선교사에 대한 상당한 자료를 확보해 놓았다. 지원자가 나타나면 각자의 능력과 재능에 맞는 현장을 연결해 준다.

내가 돕는 대학도 한국인 선교사들이 세운 학교연합회의 일원으로 계속해서 이러한 일꾼들을 필요로 한다. 장기적으로는 나도 이 학교연합회를 돕는 본부 사역을 생각 중이다.

이미 많은 선교단체들이 존재하고 비슷한 프로그램들도 많은데, 시니어선교한국을 선택한 이유가 있는가?

다른 이유는 없다. 티끌 같은 내가 하나님 은혜로 외교관과 도지사를 하게 되었는데 항상 어떻게 이를 갚을지 고민하며 살아왔다. 그러나 은퇴한 후에는 교회나 사회에서 별로 필요로 하지 않아 고민을 하다 이 단체를 통해 해외에서 나를 필요로 한다고 해서 가게 되었다.

인도네시아와 안디옥선교회

신 대사는 사실 캄보디아보다는 인도네시아 선교통이었다. 1990부터 1992년까지 인도네시아 공사로 있을 때, 당시 현지 코트라 박용국 관장과 함께 '인도네시아 선교후원회'를 조직했고 한국에서도 이 후원기도회를 계속 이어가고 있던 박 장로와

캄보디아 라이프대학에서 교수로 재직하고 있는 신효헌 전호주대사 부부.

다시 결합해 '안디옥선교회'로 발전했다. 이를 통해 지난 20년간 국내에 인도네시아인 선교교회를 네 개나 개척하고 7명의 선교사를 인도네시아로 파송했다.

현 온누리교회의 해외선교 담당자도 이들 중 하나다. 안디옥선교회는 인도네시아 선교 전문단체로는 상당한 역사를 쌓아왔고, 교회지원 외에도 휴가 중에는 인도네시아인 목회자를 초청하여 한국내 인도네시아인들을 위한 수련회를 마련하고 복음화를 시도하고 있다. 안디옥선교회 설립과 정착에 주도적인 역할을 해 왔던 신 대사는 원래 은퇴 후 인도네시아로 가서 교육과 통역으로 선교 활동을 하려고 마음을 먹고 있었다.

그러나 항상 그렇듯이 하나님의 인도는 자연스럽기도 하지만, 의외투성이다. 그리고 시간이 가면서 그 이유를 설명해 주시는

시아누크빌에 있는 라이프대학을 방문한 본지 드림 팀이 구견회 총장 부부,
신효헌 교수(전, 대사) 부부와 학교를 배경으로 기념촬영을 했다

하나님이시기도 하다. 지금 가게 된 캄보디아로 방향을 틀고 보니 실제로 인도네시아는 갈 입장이 아니었던 것으로 알게 되었고, 실제로 인도네시아는 현지 기독교도 기초가 다 되어 있어서 다른 곳에 더 도움이 필요한 상황이라고 판단했다.

현재는 라이프대학에서 국제통상법 관련 강의를 하고 있는데 자기와 같은 은퇴자들이 20명 정도 일한다고 했다. 그중 신 대사가 가장 선배라서 모두 잘 도와줘서 만족한다고 했다.

교회 은퇴자 · 선교

은퇴자들이 선교에 관심을 가져야 할 이유는 무엇인가?

은퇴자가 교회 안에서 역할이 없는 것도 원인이다. 나도 지금까지 쌩쌩하지만 교회에서는 대표기도도 시키지 않는다. 담임목사님은 교회 원로로 남아 출석이나 잘하기 바라지만, 여생을 그렇게 살고 싶지 않았다. 건강, 경제력, 능력이 여전히 있는데 하나님께 뭘 드릴까 고민을 했다.

그것이 반드시 전도나 선교로 표현되어야 할 이유가 있는가?

실제로 예수님은 승천하시면서 우리에게 복음전파의 의무를 주셨다. 복음을 전하지 않는 개인과 교회는 마땅히 해야 할 일을 하지 않는 것이다. 다들 예배, 교육, 교제 등에 매달려 있지만, 다른 종교도 그런 건 다 한다. 기독교를 기독교 되게 하는 것은 전도와 선교다. 많은 교역자들이 복음보다는 현실에 안주하고 이들의 지도를 받은 성도들도 전도와 선교에 관심을 잃고 있다. 우리 스스로가 선교에 참여해야 한다.

은퇴자들이 전도와 선교에 열심을 회복하면 자신의 역할을 찾을 수 있다는 뜻인가?

하나님은 각 개인에게 계획이 있으시다. 모든 사람이 수준도 열정도 다 달라서 이에 대한 조정이 필요하다. 그러나 복음전파의 사역에는 예외가 없다. 교회가 제 역할을 하면 우리 단체 같은 것도 따로 있어야 할 필요는 없다. 은퇴자에게 담임 목사님들이 바로 복음 전할 기회를 연결해 주는 것이 더 바람직하다.

그러면 교회가 기도하고 지원하고 젊은이들과 경험을 나누기 위해 단기선교도 연결해 주면 된다. 물론 선교의 방식은 다양할 수 있다. 이곳에 와서도 내가 청년들에게 선교의 비전으로 도전할 수 있어서 좋았다. 각 교회 안에서 은퇴자들이 이런 역할을 할 수 있으면 얼마나 좋을까? 이것을 안 하니까 이런 단체가 생겼고, 지금도 시니어 선교회에 대한 한국내 관심은 점점 더 커지는 추세다.

대신 측 신학교에서 신학 과정을 하고 있다고 들었다. 은퇴자들이 선교에 나서려면 신학공부를 해서 목사가 되야 하는가?

그렇게 생각하지는 않는다. 특히 선교에서도 방법론적으로도 변화가 필요한 때다. 교회 개척보다는 삶 속에서 기독교적 지도자를 키우는 일이 더 시급한 때다. 그러나 목사가 안된다 해도 신학을 공부하는 것이 필요하다. 이를 통해 하나님의 뜻을 분명히 알고, 기독교의 모습을 잘 이해할 필요가 있다. 더 나가서 선교사로 나서면 자기가 배운 담임목사 수준에서 벗어나기 힘들다. 스스로 서려면 신학공부가 도움이 된다.

교회는 장로, 목사가 협력해서 선교해야 한다. 그리고 교회는 훈련소다. 능력 있는 신자로 훈련시키는 곳이다. 그러나 훈련을 못 받으면 총을 못 쏜다. 훈련소는 훈련에서 멈춰서는 안되고 세상 밖으로 나가 싸우게 해야 한다. 그러나 한국교회는 훈련소 졸업하면 다시 입대시키고 있다. 평생 훈련소에만 있어 평신도가 뭘 해야 하는지 모른다. 한국교회가 힘이 없는 것은 나가서 싸워보지 않아서 그렇다. 기독교인들은 사회에서 할 일이 많다.

기독교는 나그네를 돌보는 종교

신 대사는 대부분 사람들이 있는지도 모르는 함경북도 도지사라는 신기한 직함도 거쳤다. 노무현 대통령 때 처음 임명되면서 처음에는 낙하산 인사란 오해를 받아 어려움도 있었지만 곧 성실하고 친근한 활동으로 정권이 바뀌어도 유임되면서 함경북도 실향민을 지원하고 정체성 함양 그리고 문화활동 지원 등의 활발한 활동을 이어갔다.

특히 눈에 띄는 것은 한국교회가 탈북자를 후원하도록 많은 도전을 해 왔다는 점이다. 북한의 핵실험 이후 나날이 경색되어가는 남북관계 아래서 질문을 이어갔다.

북한 관계가 경색되어 개성공단뿐 아니라, 인도적 교류도 완전히 끊겨가는 상황이다. 탈북자들도 한국에서 적응을 못해 호주까

지 오는 경우도 있다. 여기에 대해 교회의 역할은 무엇이라고 생각하는가?

북한 일반 사람들과 탈북자들에게는 여전히 많은 도움이 필요하다. 실제로 이들은 언어부터 적응이 안된다. 생각보다 우리가 사용하는 한국어는 영어가 많다. A/S를 받아오라면 탈북자들은 못 알아 듣는다. 거기다 한국인들의 부유함을 보면서 소외감을 더 느낀다. 더구나 이들의 몸에 밴 오랜 가치관 문제 때문에 한국자본주의 사회에서 환영받지도 못한다. 동원이나 대가를 받는 부분에도 우리랑 다르다. 이들이 손 벌리는 것을 보면 이해해 줘야 한다.

특히 우리 기독교는 사랑의 종교, 나그네를 돌보는 종교다. 당연히 이들을 돌봐야 한다. 그러나 현실의 한국교회는 교회 안에서 행복하게 사는 사람끼리 모여 있는 집단 같다. 세상의 다른 종교나 회사와 다름이 없다.

실제로 5만 교회가 2만5천 명 탈북자를 상대로 한 명씩만 맡아도 탈북자 문제는 해결될 것이다.

기존에 북한지원 교회나 단체들도 염증을 많이 호소하고 있다. 퍼주기만 할 뿐 아무런 변화도 없다고 포기하는 사람도 많다. 그래도 해야 하는가?

실제로 북한 사람들 반응을 보면 의외로 많다. 예를 들어 우리가 도와주는 입장인데도 돈을 줘야 오고, 도시락을 주면 여러 번 챙기는 모습을 보며 인상을 찌푸리기도 한다. 그러나 이들이 오죽하면 그럴까 이해해야 한다. 이들의 변화는 시간이 오래 걸리는 문제다.

이 점에서 최근 정부의 개성공단 폐쇄는 지지하지만, 인도적 지원을 중단하는 일은 안된다고 생각한다. 우리는 지도층과 북한 국민 개인을 분리해서 생각해야 한다. 지도층에 대해서는 단호하게 대처해야 하지만, 개인은 이해하고 끌어안아야 한다.

그는 평양에 있는 사람들과 함경도 같은 곳을 비교해 보면 그 이유가 분명해진다고 지적한다. 멀쩡히 보이는 평양 시민들과는 달리 대부분의 북한 주민들은 너무나도 가난하고 고통받고 있으며 최근 장마당 같은 자본주의 시스템이 부분적으로 도입되면서 그나마 목숨을 부지하고 있다고 지적한다.

여전히 북한의 어머니들은 젖이 안 나올 만큼 굶고 있고 아이들도 발육이 잘 안되며 결핵도 너무 많다고 안타까움을 표시하는 신 대사, 특별히 사회참여를 이야기하지 않지만, 그의 이야기 속에는 복음에 대한 열정과 이웃에 대한 사랑이 결합된 성경적 제자도의 비전이 발견된다.

아마도 사회가 걱정하는 것보다 은퇴의 삶은 더 행복할 수 있을 것 같다. 복음선포에 대한 열정으로, 이웃을 사랑할 수 있는 긍휼을 잃지 않는다면 말이다.

다리 건너 저편

2023년 2월 15일 초판 인쇄
2023년 2월 20일 초판 발행

지은이 / 신효헌

발행인 / 강병욱
발행처 / 도서출판 교음사

03147 서울 종로구 삼일대로 457 수운회관 1308호
Tel (02) 737-7081, 739-7879(Fax)
e-mail : gyoeum@daum.net
등록 / 제2007-000052호

* 잘못된 책은 바꿔 드립니다. 값 13,000원

ISBN 978-89-7814-016-4 03340